CW01645988

Guia de Campo

AVES
da Grande São Paulo

(Birds of Greater São Paulo)

Primeira edição - 2004

Capa/cover: Sabiá-laranjeira/Rufous-bellied Thrush
(*Turdus rufiventris*)

Dados Internacionais de Catalogação na Publicação
(Câmara Brasileira do Livro, SP, Brasil)

Aves da Grande São Paulo : guia de campo = Birds of Greater São Paulo : field guide / textos/texts Pedro F. Develey ; fotos/photos Edson Endrigo ; [versão para o inglês/English version Jeremy Minns]. São Paulo : Aves e Fotos Editora, 2004.

Bibliografia
ISBN 85-98153-01-X

1. Aves - Fotografias 2. Aves - São Paulo, Região Metropolitana I. Develey, Pedro F. II Endrigo, Edson. III Título: Birds of Greater São Paulo : field guide.

04-0010 CDD-598.098161

Índice para catálogo sistemático:
1. Aves : Grande São Paulo : Zoologia
598.098161
2. Grande São Paulo : Aves : Zoologia
598.098161

Foi feito o depósito legal

Em memória de meu avô Fulvio Endrigo.

Edson Endrigo

Fotos/Photos: **Edson Endrigo**
Textos/Texts: **Pedro F. Develey**

Guia de Campo
(Field Guide)

AVES
da Grande São Paulo

(Birds of Greater São Paulo)

Aves e Fotos Editora
São Paulo, SP, Brasil
www.avesfoto.com.br

PREFACE

Works like "Birds of Greater São Paulo" can only help to stimulate people's interest in watching and preserving the birds of our city and its surrounding country. In fact, although the book's focus is on São Paulo, the 273 species illustrated may be seen in green areas, whether urban or not, throughout most of southeast Brazil.

I have been privileged to follow the authors' careers and believe that their initiative in publishing this field guide will make a real contribution to ornithology, both by its educational content and through its illustrations. Photographing birds, even common everyday species, in their natural surroundings is an art which deserves our respect, seeing what restless and flighty subjects they are, never posing in the right position for long. In Edson Endrigo's ten years of photography he has developed his own techniques to overcome these problems and is always finding out new facts about the species that he watches and photographs.

Pedro Develey is a born ornithologist. When he started the Biological Science undergraduate course at the University of São Paulo in 1988 he was already an excellent observer and student of ornithology, with a commitment to understanding the biology of birds and their ecological relationships. This combination of the authors' talents has given us "Birds of Greater São Paulo". In the section "Layout of the Guide" you will learn the scope of the book and will see that the choice of the species included is the fruit of much research and observation. The Rufous-bellied Thrush (*Turdus rufiventris*) which appears on the cover is the most characteristic song of the city of São Paulo, announcing every year the arrival of spring and the start of the breeding season.

It is most opportune that the publication of "Birds of Greater São Paulo" coincides with the 450th anniversary of the foundation of the city, showing as it does that the urban environment can be rich in wildlife.

Elizabeth Höfling

Titular Professor, Department of Zoology, Institute of Biosciences, University of São Paulo

PREFÁCIO

Iniciativas como "Aves da Grande São Paulo" só podem enriquecer o interesse da população humana em observar e preservar a avifauna nas cidades e nos seus arredores. Na realidade, embora com enfoque na Grande São Paulo, as 273 espécies representadas podem ser observadas nas áreas verdes, urbanas ou não, na maior parte da região Sudeste do Brasil.

Tenho o privilégio de ter acompanhado a carreira dos autores e considero a decisão em publicar este guia de campo uma real contribuição à ornitologia, pelo seu valor educativo e pelas imagens que o ilustram. Fotografar aves na natureza, mesmo aquelas comuns que nos cercam todos os dias, é uma arte que merece respeito, pois elas são seres irrequietos, voadores e nem sempre se posicionam no melhor ângulo. Edson Endrigo, nesses 10 anos de atividades fotográficas, desenvolveu seu próprio modo de fazê-lo, além de procurar conhecer sempre um pouco mais sobre as espécies que observa e fotografa.

Pedro Develey nasceu ornitólogo, uma vez que desde o início de seu curso de Ciências Biológicas na Universidade de São Paulo, em 1988, já era um exímio observador e estudioso da ornitologia, com vocação a entender a biologia das aves e os aspectos ecológicos a elas relacionados.A associação das competências dos autores nos presenteia com este guia de campo "Aves da Grande São Paulo". Pela "Organização do Guia" pode-se avaliar o escopo da obra e compreender que a escolha feita quanto às espécies nela representadas é fruto de muita pesquisa e observações. O sabiá-laranjeira (*Turdus rufiventris*) que ilustra a capa é o "canto" característico da cidade de São Paulo, já que ele anuncia, todos os anos, a chegada da primavera e que está em tempo de se reproduzir.

A publicação de "Aves da Grande São Paulo", por ocasião da comemoração dos 450 anos da cidade de São Paulo, é extremamente oportuna, pois mostra à população que o ambiente urbano também pode ser rico em vida silvestre.

Elizabeth Höfling

Professor Titular, Departamento de Zoologia, Instituto de Biociências, Universidade de São Paulo

APRESENTAÇÃO

As aves podem ser usadas com sucesso em programas de educação ambiental ou mesmo como atividade de lazer, chamando a atenção para a conservação da natureza. A observação de aves é uma atividade extremamente difundida em países da Europa e América do Norte; no entanto, no Brasil, apesar da incrível diversidade de espécies, esta atividade ainda é pouco praticada. Esperamos, com esse guia, incentivar a atividade de observação de aves, fazendo que as pessoas passem a se interessar e a conhecer um maior número de espécies, aprendendo, assim, a gostar, respeitar e preservar as aves e os seus hábitats.

A idéia original deste livro era ser apenas um guia de campo contendo as 100 espécies mais comuns na cidade de São Paulo. No entanto, essa idéia cresceu quando decidimos incluir no guia, além das aves que vivem na cidade, várias outras espécies que habitam florestas situadas nos arredores de São Paulo. O guia acabou ficando com um total de 273 espécies, englobando tanto aves características de ambientes urbanos quanto de áreas florestais. Acreditamos que esse guia será de grande utilidade não só na cidade de São Paulo, mas também em outras cidades e áreas de Mata Atlântica.

INTRODUCTION

Birds and conservation go together, either in environmental education programs or simply as a leisure activity. Birdwatching is extremely widespread in Europe and North America but not in Brazil, in spite of this country's extraordinary diversity of bird life. We hope that this guide will encourage people to watch birds and will enable them to get to know a greater number of species, and so learn to take pleasure in birds and to respect and preserve their habitats.

The original purpose of this book was to be a field guide for the 100 most common species in the city of São Paulo. However, the project grew in scope when we decided to include not only the birds that live in the city but also those found in the forests that surround it. The guide has ended up with a total of 273 species, covering both birds of typically urban habitats and those of the forests. We believe that this guide will be very useful not only in the city of São Paulo but also in other cities and regions of the Atlantic Forest.

AGRADECIMENTOS
ACKNOWLEDGMENTS

As informações presentes neste livro são o resultado de mais de 10 anos de observação de aves não só em São Paulo, mas em muitas outras regiões do Brasil. Durante todo esse tempo, contamos com a contribuição de inúmeras pessoas e instituições:

The information presented in this book is the fruit of more than 10 years birding experience, not only in São Paulo but also in many other parts of Brazil. During all this time we were assisted by a large number of people and institutions:

G. Accacio, H. Alvarenga, A. Aleixo, M. M. Argel de Oliveira, P. Auricchio, R. Boulhosa, A. M. Branco, C. Brasileiro, L. A. Bucci, D. Buzzetti, H. F. A. Camargo, F. P. Campos, P. R. César, D. F. Domingues, A. J. L. Develey, S. Dieguez, G. F. Endrigo, L. Endrigo, S. Endrigo, L. F. Figueiredo, J. Golifman, A. L. C. Gaia, J. Goerck, E. Grandisoli, M. M. Granzinolli, E. Höfling, V. L. Imperatriz-Fonseca, A. Jerozolimski, N. M. Kawal, A. Kuniy, F. Lamardo, R. Lamardo, A. Lucio, O. Marques, A. C. Martensen, M. Martins, R. Mello-Silva, J. P. Metzger, J. Minns, J. C. Motta-Júnior, J. I. P. Murami, C. Nogueira, P. Nogueira-Neto, F. Olmos, J. F. Pacheco, H. Palo Jr., R. Pardini, D. Pavan, C. A. Peres, L. A. Ribeiro, M. B. Ribeiro, M. C. Ribeiro, W. Ribeiro, L. S. Rocha, P. Ruggiero, B. Sellmer,R. Silva e Silva, L. F. Silveira, H. Simon, V. C. H. Soldado, E. Távora dos Santos, C. Vieitas, I. Waligora. J. Zuquim.

Instituições: Centro de Conservação de Aves Silvestres CESP - Paraibuna, Centro de Estudos Ornitológicos (CEO), IBAMA, Instituto de Biociências - USP, Instituto Florestal - SP, Fundação Florestal - SP, Instituto Pau Brasil de História Natural - IPBHN, Museu de História Natural de Taubaté - MHNT e SABESP.

Fuji Filme - Laboratório Profissional,
Pousada Aguapé, Hotel Simon,
Ranieri Acampamento.

A todos nossos sinceros agradecimentos.
To all we give our most sincere thanks.

Os Autores / The authors.

SUMÁRIO / CONTENTS

ORGANIZAÇÃO DO GUIA

Para chegarmos às 273 espécies ilustradas nesse guia, nos baseamos em primeiro lugar na lista das aves do município de São Paulo, com 400 espécies, elaborada pelo Centro de Estudos Ornitológicos [C.E.O. (www.ib.usp.br/ceo)]. Esta lista contém muitas aves que apresentam apenas registros históricos, não tendo sido mais observadas recentemente, além de muitas outras com ocorrência apenas ocasional. Devido aos critérios que foram adotados para a elaboração da lista do CEO, consideramos nossa experiência de campo para descartar algumas espécies e acrescentar outras. O resultado desta seleção foi a lista final apresentada neste guia, representando exclusivamente aves que foram registradas recentemente pelos autores na região da Grande São Paulo.

A ordem taxonômica, a nomenclatura das famílias, nomes científicos, populares e a seqüência de espécies segue a classificação utilizada por Sick (1997), com as alterações propostas pelo Comitê Brasileiro de Registros Ornitológicos (CBRO). Os nomes populares em inglês seguem Clements (2000). As informações sobre a biologia de cada espécie e o tamanho aproximado foram retiradas da literatura, além da experiência dos autores. Quando as abreviaturas Am. e End. aparecem depois dos nomes das aves significa que a espécie está ameaçada de extinção (Am.) ou é endêmica do bioma Mata Atlântica (End.), de acordo com BirdLife (2000) e Stotz et al. (1996), respectivamente.

LAYOUT OF THE GUIDE

To arrive at the 273 species illustrated in the guide we took as our starting point the list prepared by the Center for Ornithological Studies [C.E.O. (www.ib.usp.br/ceo)] of the 400 species recorded in the municipality of São Paulo. This list includes many species with only historical records and which have not been seen recently, and many others which only occasionally occur here. We used our own field experience to exclude some species and include others. The resulting final list covers only those species which have been recorded recent years by the authors in the area of Greater São Paulo.

The order of the species and their scientific and Brazilian names follow the classification used by Sick (1997), together with the alterations proposed by the Brazilian Ornithological Records Committee (CBRO).

The English names are those adopted by the CBRO which generally follow Clements (2000). The information about the biology of each species is taken from the literature and the authors' personal experience. The abbreviations Thr. and End. after the name of the bird indicate that the bird is threatened with extinction (Thr.) or endemic to the Atlantic Forest biome (End.). The sources for these classifications are BirdLife (2000) and Stotz et al. (1996), respectively.

SÃO PAULO E SUAS AVES

A cidade de São Paulo e seus arredores abrigam uma grande diversidade de aves, com aproximadamente 400 espécies registradas. É difícil imaginar que numa cidade tão grande e poluída possam viver tantas aves diferentes. Essa alta diversidade de espécies está concentrada nos bairros e parques mais arborizados dentro da cidade e principalmente nas reservas florestais situadas nos arredores.

Durante todo o processo de urbanização ocorrido na Grande São Paulo houve uma drástica alteração da paisagem original, de modo que praticamente toda a vegetação original, constituída por florestas, campos e ambientes aquáticos, foi substituída por áreas construídas. Mesmo as áreas verdes da cidade, em muitos casos, não são constituídas por espécies vegetais nativas, mas sim por espécies exóticas, criando uma fisionomia muito diferente da original. Essa substituição da vegetação levou também a uma substituição da avifauna associada, sendo que muitas aves desapareceram ou tornaram-se extremamente raras. No entanto, outras espécies foram capazes de colonizar ou acabaram se adaptando às novas condições da paisagem urbana. Espécies como o bem-te-vi (*Pitangus sulphuratus*), o periquito (*Brotogeris tirica*) e o sabiá-laranjeira (*Turdus rufiventris*) estão entre as espécies mais comuns na cidade. No período de reprodução, nos meses de setembro e outubro, por toda a cidade é comum ouvir o canto do sabiá-laranjeira, ainda na madrugada.

Nos bairros ou regiões mais arborizadas da cidade pode ser encontrada uma maior variedade de aves, como é o caso do campus da Universidade de São Paulo ou do Parque do Ibirapuera, onde podem ser observadas mais de 100 espécies. Muitas são raras e exclusivas desses locais bem arborizados, como o pica-pau-de-cabeça-amarela (*Celeus flavescens*), o anambé-branco (*Tityra cayana*) e a saíra-da-mata (*Hemithraupis ruficapilla*). Existem ainda algumas aves encontradas na cidade de São Paulo que se estabeleceram justamente devido à ação humana, como aquelas que viviam em cativeiro e acabaram escapando, adaptando-se com sucesso à vida na cidade como a maracanã-nobre (*Diopsittaca nobilis*). Nas áreas extremamente urbanizadas, com pouquíssimas áreas verdes, são abundantes o pombo-doméstico (*Columba livia*) e o pardal (*Passer domesticus*), duas espécies exóticas, originárias da Europa e introduzidas no Brasil. Mesmo aves associadas a ambientes aquáticos se adaptaram à vida na cidade de São Paulo. Bandos de garças-brancas-grandes (*Ardea alba*) e de irerês (*Dendrocygna viduata*) são comuns ao longo dos rios Tietê e Pinheiros e em muitos lagos existentes nos parques urbanos.

Ao contrário do que ocorreu nas áreas urbanas, as reservas florestais, localizadas nos arredores da cidade, ainda abrigam boa parte da avifauna original. Essas áreas são um importante refúgio para muitas aves, contribuindo de forma significativa à alta diversidade de espécies encontradas na Grande São Paulo. O Parque Estadual da Cantareira, localizado a cerca de 10 km ao norte do centro da cidade, representa uma das maiores florestas tropicais nativas em áreas urbanas do mundo. Nos fins do século XIX, a área era ocupada por chácaras produtoras de café, chá e hortifrutigranjeiros. Após a desapropriação pelo Estado, essas áreas de cultivo se regeneraram, dando lugar à mata nativa. A área foi decretada Reserva Florestal em 1896 e em 1963 passou para a categoria de Parque Estadual, abrangendo atualmente uma área de 7.900 hectares. Ao sul de São Paulo, existe outra importante área florestal, a Reserva do Morro Grande, no município de Cotia. Essa reserva foi criada em 1979 e engloba uma área de 10.700 hectares. Assim como a Cantareira, as matas presentes na reserva estão se regenerando desde o fim do século XIX, e atualmente a maior parte da reserva é constituída por matas bem desenvolvidas. Além dessas áreas, as matas que margeiam as represas Billings e Guarapiranga estão ligadas às florestas existentes no alto da Serra do Mar. Essas florestas ainda abrigam uma avifauna extremamente rica e diversificada, com muitas espécies endêmicas de Mata Atlântica e algumas ameaçadas de extinção. Dessa forma, apesar de ser uma das maiores cidades do mundo, com poucas áreas verdes, São Paulo está cercada por importantes áreas de Mata Atlântica. Toda esta região faz parte da Reserva da Biosfera do Cinturão Verde da Cidade de

São Paulo, que em 1994 foi reconhecida pela UNESCO como parte integrante da Reserva da Biosfera da Mata Atlântica. De acordo com o Instituto Florestal de São Paulo e a UNESCO, essa reserva foi criada basicamente para assegurar a qualidade de vida do cidadão, protegendo áreas de mananciais e cabeceiras de afluentes dos córregos que cortam as áreas urbanas, além de estabilizar o clima impedindo o avanço de ilhas de calor, melhorar a qualidade do ar e manter a diversidade da fauna e da flora.

A existência dessas matas nos arredores de São Paulo explica a ocorrência eventual de algumas aves tipicamente florestais dentro da cidade. Durante os meses mais frios do ano, pequenos bandos de cuiú-cuiú (*Pionopsitta pileata*) podem ser observados na Cidade Universitária. Outras espécies como o tucano-de-bico-verde (*Ramphastos dicolorus*), o pavó (*Pyroderus scutatus*) e a araponga (*Procnias nudicollis*) também aparecem dentro da cidade, sempre em locais mais arborizados, sendo, porém, de ocorrência ocasional.

Essa heterogeneidade de ambientes na Grande São Paulo, com um gradiente de arborização nos diferentes bairros, ambientes aquáticos e florestas nativas proporciona esta grande diversidade de aves. Conciliar o crescimento e desenvolvimento da cidade com a preservação das aves e dos seus hábitats, é um desafio e um dever. A importância da manutenção das áreas verdes dentro da cidade de São Paulo e das florestas nos seus arredores vai muito além da conservação da natureza, é uma questão de melhor qualidade de vida para toda a população.

SÃO PAULO AND ITS BIRDS

The city and its surroundings are home to a great many birds, with records for about 400 species. It is difficult to imagine that so many different birds could live in a so large and polluted a city but in fact most of them are to be found in parks and well wooded residential areas and, particularly, in the forest reserves on the outskirts of the city.

The process of urban growth in Greater São Paulo altered the original landscape drastically, replacing practically all the original vegetation of forests, grasslands and aquatic habitats by buildings. Even the green areas of the city are not planted with native plants but with introduced, exotic species, creating a habitat quite different from the original one. This substitution of the vegetation has led to a substitution of the avifauna, with many birds disappearing or becoming extremely rare, while other species have been able to colonize the region and adapt themselves to the new conditions of an urban environment. Species like Great Kiskadee (*Pitangus sulphuratus*), Plain Parakeet (*Brotogeris tirica*) and Rufous-bellied Thrush (*Turdus rufiventris*) are among the most common species in the city. In the breeding season, in September and October, the song of Rufous-bellied Thrush can be heard all over the city, even in the early hours of the morning.

The greatest diversity of birds is found in the better wooded parts of the city, like the campus of the University of São Paulo or Ibirapuera Park, where about 100 species are to be found. Many are uncommon and are restricted to these well wooded areas, like Blond-crested Woodpecker (*Celeus flavescens*), Black-tailed Tityra (*Tityra cayana*) and Rufous-headed Tanager (*Hemithraupis ruficapilla*). Some of the species found in São Paulo have made the city their home as a result of human action, for example those that were kept in captivity but escaped and have successfully adapted to city life, like Red-shouldered Macaw (*Diopsittaca nobilis*). In heavily built-up areas with very little greenery there are large numbers of Feral Rock Dove (*Columba livia*) and House Sparrow (*Passer domesticus*), two foreign species, introduced into Brazil from Europe. Even water birds have adapted to life in the city of São Paulo. Flocks of Great Egret (*Ardea alba*) and White-faced Whistling-Duck (*Dendrocygna viduata*) are common along the Tietê and Pinheiros rivers and in many lakes in city parks.

In contrast to the urban areas, the forest reserves located near the city still contain much of their original avifauna. These areas are an important refuge for many species and contribute significantly to the high species diversity found in Greater São Paulo. The Cantareira State Park, 10 km north of the city centre, is one of the world's largest native tropical forests in an urban area. At the end of the 19th century the region was occupied by farms producing coffee, tea, fruit and vegetables. After compulsory purchase by the State of São Paulo these cultivations were allowed to regenerate and were taken over by native forest. The area was decreed a Forest Reserve in 1896 and in 1963 became a State Park with an area of 7,900 ha. South of São Paulo there is another important area of forest, the Morro Grande Reserve in the municipality of Cotia. This reserve was created in 1979 and has an area of 10,700 ha. Like the Cantareira the forest there today has regenerated since the end of the 19th century and is now fairly mature. Besides these areas, the woodlands along the Billings and Guarapiranga reservoirs are connected to the forests on the summit of the escarpment of the Serra do Mar. They contain an extremely rich and diversified avifauna, with many species endemic to the Atlantic Forest and some of those threatened with extinction. In this way, although São Paulo is one of the largest cities in the world, with very few green spaces, it is surrounded by important areas of Atlantic Forest. Today this whole region is part of the City of São Paulo Green Belt Biosphere Reserve, which in 1994 was recognized by UNESCO as forming an integral part of the Atlantic Forest Biosphere Reserve. According to the São Paulo Forestry Institute and UNESCO, this reserve was created to ensure the quality of life of the population of the city, by protecting the headwaters of the rivers and streams that flow through the city, stabilizing the climate with a barrier against the advance of urban warming, improving the quality of the air and maintaining the diversity of the flora and fauna.

The existence of these forests around São Paulo explains the presence of a few typically forest birds within the city. In the coldest months of the year flocks of Pileated Parakeet (*Pionopsitta pileata*) can be seen in the São Paulo University campus. Other species, like Red-breasted Toucan (*Ramphastos dicolorus*), Red-ruffed Fruitcrow (*Pyroderus scutatus*) and Bare-throated Bellbird (*Procnias nudicollis*), also occasionally appear in the city but always in well wooded places and without establishing a permanent presence.

The diversity of habitats in Greater São Paulo, with varying amounts of trees in the various residential areas, together with wetlands and native forests, is the reason for the great diversity of bird life. To strike a mean between urban development and the preservation of the birds and their habitats is both a challenge and an obligation. The importance of maintaining the green spaces within the city and the forests around it goes well beyond conservation of natural resources. It is a question of improving the quality of life of the population as a whole.

BIBLIOGRAFIA

A bibliografia apresentada corresponde a uma pequena seleção de guias de campo e livros que apresentam um grande número de informações sobre a biologia, sistemática e conservação de aves. Todos esses livros foram de grande utilidade na elaboração deste guia, e devem ser consultados por leitores interessados em aumentar seu conhecimento sobre as aves. Os livros indicados com um asterisco são recomendados para iniciantes.

BIBLIOGRAPHY

The following list of references is a small selection of the many field guides and books with a wealth of information about the biology, taxonomy and conservation of birds. All these books were invaluable in the preparation of this guide and should be consulted by those readers interested in acquiring a deeper knowledge. The books marked with an asterisk are recommended for beginners.

- BirdLife International. 2000. **Threatened birds of the world**. Lynx Edicions. Barcelona and Cambridge. 852 p.
- Clements, J. F. 2000. **Birds of the world: a checklist**. Fifth Edition. Ibis Publishing Company. Vista, CA. 867 p.
- De la Penã, M. R. & Rumboll, M. 1998. **Birds of Southern South America and Antarctica.** HarperCollins Publisher. London. 304 p.
- Del Hoyo, J.; Elliott, A. & Sargatal, J. eds. 1992-2003. **Handbook of the Birds of the World.** Vol. 1: Ostrich to Ducks to Vol. 8: Broadbills to Tapaculos. Lynx Editions, Barcelona.
- *Frisch, J. D. 1981. **Aves Brasileiras.** Editora Dalgas Ecoltec Ecologia Técnica. São Paulo, SP. 353 p.
- *Höfling, E. & Camargo, H. F. A. 1993. **Aves no Campus**. Instituto de Biociências. Universidade de São Paulo, SP. 126 p.
- Isler, M. L. & Isler, P. R. 1987. **The Tanagers – natural history, distribution, and identification.** Smithsonian Intitution Press. Washington, D.C. 404 p.
- Ridgely, R. S. & Tudor, G. 1989. **The birds of South America.** Vol. I. The oscine passerines. University of Texas Press. Austin, TX. 516 p.
- Ridgely, R. S. & Tudor, G. 1994. **The birds of South**

America. Vol. II. The suboscine passerines. University of Texas Press. Austin, TX. 814 p.

- *Sick, H. 1997. **Ornitologia Brasileira.** Editora Nova Fronteira. Rio de Janeiro, RJ. 912 p.
- *Souza, D. G. S. 1998. **Todas as aves do Brasil - Guia de campo para identificação.** Editora Dall. Feira de Santana, BA. 258 p.
- Stotz, D.; Fitzpatrick, J. W.; Parker III, T. A. & Moskovits, D. K. 1996. **Neotropical birds: ecology and conservation.** University of Chicago Press. Chicago. 478 p.
- *Willis, E. O. & Oniki, Y. 2003. **Aves do Estado de São Paulo.** Editora Divisa. Rio Claro, SP. 398 p.

Imagem Landsat 5 da região da Grande São Paulo e arredores, 1999.
Landsat 5 image of Greater São Paulo and surrounding areas, 1999.

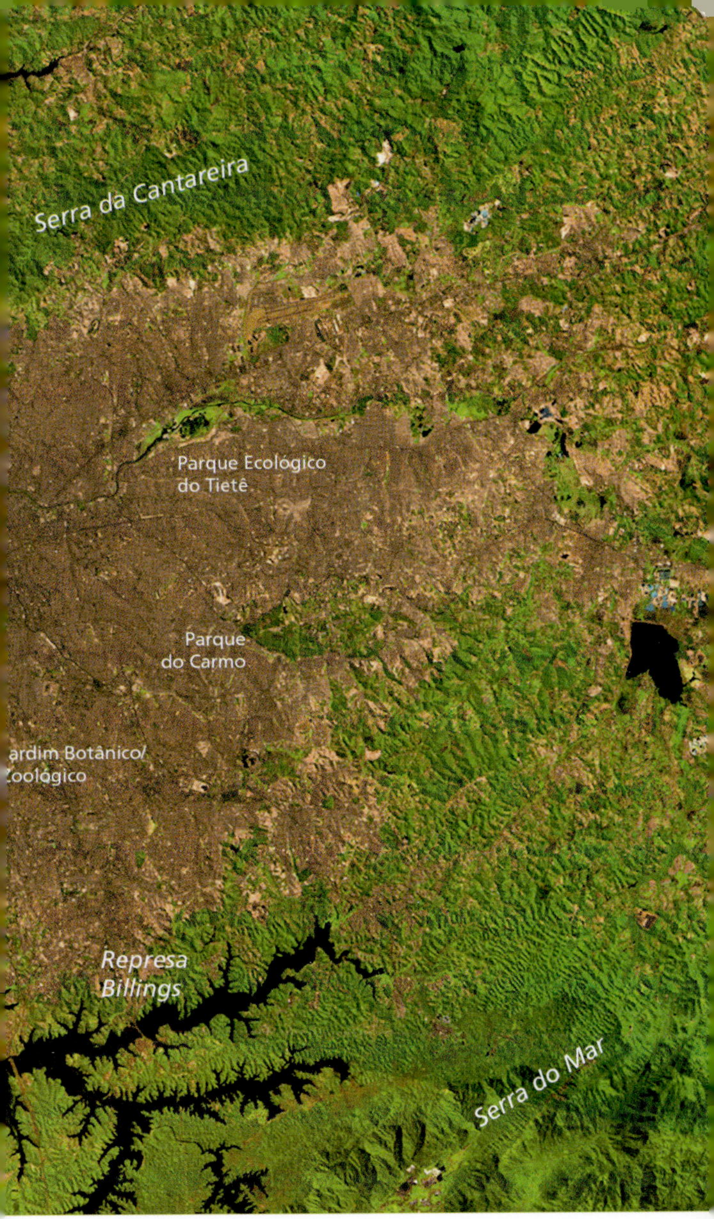
Serra da Cantareira
Parque Ecológico
do Tietê
Parque
do Carmo
ardim Botânico/
Zoológico
Represa
Billings
Serra do Mar

PARTES DA AVE
THE PARTS OF A BIRD

1	Píleo	Crown
2	Fronte	Forehead
3	Loro	Lores
4	Maxila superior	Upper mandible
5	Mandíbula	Lower mandible
6	Mento	Chin
7	Garganta	Throat
8	Peito	Breast
9	Encontro	Bend of wing
10	Coberteiras da asa	Wing coverts
11	Abdômen	Belly
12	Tarso	Tarsus
13	Dedo	Toe
14	Unha	Nail
15	Flanco	Flank
16	Rêmiges (asa)	Wing
17	Crisso	Crissum
18	Rectrizes (cauda)	Tail
19	Uropígio	Rump
20	Dorso	Back
21	Pescoço	Neck
22	Nuca	Nape

Macuco - *Tinamus solitarius* End.

É uma espécie muito visada por caçadores para servir como alimento. Por esta razão, sua população sofreu grande declínio, sendo que, em algumas áreas, o macuco foi extinto. Vive no chão da mata, empoleirando-se somente no final do dia, quando se prepara para dormir. Nidifica no solo da floresta e seus ovos possuem casca de coloração verde-turquesa. Nos arredores da cidade de São Paulo, ainda pode ser encontrado em abundância no Parque Estadual da Cantareira.

Solitary Tinamou End.

Much sought after by hunters, being good to eat. As a result the population of this species has declined sharply and in some areas it is now extinct. It lives on the forest floor, perching higher up only at dusk, to roost. It makes its nest on the ground and the eggs are turquoise green. Near São Paulo it can still be found in large numbers in the Cantareira State Park.

Habitat	Alimentação / Food	Tamanho / Size
florestas	frutos, sementes e pequenos animais	50 cm
forest	fruit, seeds and small animals	

Inhambu-guaçu – *Crypturellus obsoletus*

Vive nas matas, desde o alto das serras até as restingas. Como o macuco (*Tinamus solitarius*), também é visado por caçadores; mesmo assim, a espécie ainda é comum e pode ser encontrada na maioria dos fragmentos florestais ao redor da cidade de São Paulo. É uma espécie muito arisca, difícil de ser vista; no entanto, é facilmente registrada por meio de sua vocalização, que consiste de uma seqüência ascendente de assobios, semelhante a um apito.

Brown Tinamou

Found from montane forests to coastal white sand forests. Like Solitary Tinamou it is sought after by hunters but even so it is still common and may be found in most of the forest fragments around the city of São Paulo. A shy species, difficult to see, but easily located by its call, a rising series of whistles, like a traffic policeman's.

Habitat	Alimentação / Food	Tamanho / Size
florestas	grãos, frutos e pequenos animais	30 cm
forest	seeds, fruit and small animals	

Inhambu-chintã – *Crypturellus tataupa*
Espécie menos florestal que a anterior, pode ser encontrada em matas de galeria e matas secas, vivendo também em áreas de cerrado e caatinga. Também é mais facilmente registrada por meio de sua vocalização, que consiste de uma seqüência decrescente de assobios "prrr - prrr, prrr, prrr, prrr, prrr".

Tataupa Tinamou
Less of a forest species than the previous ones, it can be found in gallery and dry woodland, and also in savannas and arid scrub. It is also more easily located by its voice, a descending series of harsh whistles "prrr - prrr, prrr, prrr, prrr, prrr".

Habitat	Alimentação / Food	Tamanho / Size
florestas e bordas, capoeiras e matas secas	grãos, frutos e pequenos animais	25 cm
forests and forest edge, secondary growth and dry woodland	seeds, fruit and small animals	

Mergulhão – *Podilymbus podiceps*
Este pequeno mergulhão é comum em qualquer lago ou açude com alguma vegetação característica de brejos nas margens. Vive solitário ou em casais, alimenta-se caçando debaixo d'água. Realiza movimentos migratórios fora da época reprodutiva.

Pied-billed Grebe
This small grebe is common on any lake or pond with marshy vegetation around the edge. It lives alone or in pairs, foraging underwater. Outside the breeding season it makes migratory movements.

Habitat	Alimentação / Food	Tamanho / Size
lagos e açudes	pequenos peixes e artrópodes aquáticos	33 cm
lakes and pond	small fish and aquatic arthropods	

Biguá – *Phalacrocorax brasilianus*
Vive sempre associado a ambientes aquáticos, podendo formar grandes bandos. Bom nadador, mergulha com facilidade para obter alimento. Fora da água, tem o hábito de ficar empoleirado com as asas abertas, para secá-las ao sol. Nidifica no alto das árvores próximo a extensões de água. Em São Paulo a espécie é muito comum na represa Billings, onde existe um ninhal, mas também pode ser observada no Parque do Ibirapuera e sobrevoando a marginal do rio Pinheiros.

Neotropic Cormorant
Always found near water, sometimes forming large flocks, it swims well and dives for food. Out of the water it has the habit of spreading its wings to dry in the sun. It nests at the top of trees near open water and in São Paulo is very common on the Billings reservoir, where there is a nesting colony. It can also be seen in Ibirapuera Park and along the Pinheiros river.

Habitat	Alimentação / Food	Tamanho / Size
lagos e açudes	pequenos peixes e artrópodes aquáticos	33 cm
lakes and pond	small fish and aquatic arthropods	

Biguatinga - *Anhinga anhinga*
Espécie de hábitos solitários, vive às margens de lagos e rios com matas nas bordas. Muito arisca, mergulha rapidamente quando detecta alguma ameaça, mantendo apenas o pescoço fora da água até que o perigo passe. Como o biguá, tem o hábito de pousar com as asas abertas, destacando o branco nas coberteiras superiores.

Anhinga
A bird of solitary habits, living on the edges of lakes and rivers bordered by forest. Very shy, it dives immediately it suspects a threat, with only its head above water until the danger has passed. Like Neotropic Cormorant it has the habit of perching with its wings open, showing the prominent white of its upper wing coverts.

Habitat	Alimentação / Food	Tamanho / Size
rios e lagos	peixes e crustáceos	90 cm
rivers and lakes	fish and crustaceans	

Socó-grande - *Ardea cocoi*
A maior das garças brasileiras. Tem hábitos solitários, sendo menos comum do que a garça-branca-grande (*Ardea alba*). Vive preferencialmente em extensões de água próximas a matas ou bosques.

Cocoi Heron
The largest Brazilian heron. Of solitary habits and less common than Great Egret. It prefers open expanses of water near forest or woodland.

Habitat	Alimentação / Food	Tamanho / Size
rios, lagos e brejos	peixes, anfíbios, répteis e invertebrados aquáticos	125 cm
rivers, lakes and marshes	fish, frogs, reptiles and aquatic invertebrates	

Garça-branca-grande – *Ardea alba*
Uma das aves aquáticas mais comuns no Brasil, pode ser encontrada em qualquer área alagada. Forma bandos numerosos, inclusive durante o período de nidificação. Dentro da cidade de São Paulo é comum ao longo dos rios Pinheiros e Tietê e nos parques urbanos que possuem lagos.

Great Egret
One of the most common waterside birds in Brazil, found in any place with water. It forms large flocks, even during the breeding season. In the city of São Paulo it is common along the Pinheiros and Tietê rivers and in city parks with lakes.

Habitat	Alimentação / Food	Tamanho / Size
lagos, rios, brejos e mangues	peixes, anfíbios, répteis e invertebrados aquáticos	90 cm
lakes, rivers, marshes and mangroves	fish, frogs, reptiles and aquatic invertebrates	

Garça-branca-pequena - *Egretta thula*
Pode ser rapidamente distinguida das outras espécies de garças-brancas por causa da coloração amarela dos dedos, contrastando com a perna preta. Vive sempre próxima a ambientes com água, inclusive em costões rochosos, à beira-mar.

Snowy Egret
Easily separated from other white herons by its yellow feet, contrasting with its black legs. It always lives near water, including along rocky coasts beside the sea.

Habitat	Alimentação / Food	Tamanho / Size
lagos, rios, mangues e praias	peixes e invertebrados aquáticos	55 cm
lakes, rivers, mangroves and beaches	fish and aquatic invertebrates	

Garça-vaqueira - *Bubulcus ibis*
Espécie originária do continente africano, chegou ao Brasil na década de 1960, colonizando rapidamente todas as regiões do país. Possui forte associação com o gado, alimentando-se dos insetos que são espantados durante o deslocamento dos animais. Forma dormitórios coletivos, compostos por centenas de indivíduos.

Cattle Egret
A species originally from Africa which reached Brazil in the 1960s and rapidly colonized the whole country. It associates strongly with cattle, feeding on the insects flushed by the movement of the animals. It sleeps in colonies of hundreds of birds.

Habitat	Alimentação / Food	Tamanho / Size
campos e pastagens	artrópodes e pequenos vertebrados	49 cm
grassland and pastures	arthropods and small vertebrates	

Socozinho - *Butorides striata*

Muito comum em qualquer área alagada. Sempre solitário, fica escondido na vegetação procurando alimento. Quando voa, emite uma vocalização característica ("kiák"), o que chama a atenção para a sua presença.

Striated Heron

Very common in any place with water. Always alone, it hides in the vegetation, looking for food. On taking flight it gives a characteristic croak ("kiák"), which calls attention to its presence.

Habitat	Alimentação / Food	Tamanho / Size
lagos, rios, banhados e manguezais	peixes, anfíbios, répteis e invertebrados aquáticos	35 cm
lakes, rivers, wetlands and mangroves	fish, frogs, reptiles and aquatic invertebrates	

Maria-faceira - *Syrigma sibilatrix*
Esta espécie de garça vive, geralmente, solitária ou aos pares. É comum em áreas abertas, como pastos e plantações, não estando necessariamente associada a ambientes aquáticos. Quando em vôo, emite um grito característico ("í, í, í").

Whistling Heron
This heron is usually found alone or in pairs. It is common in open areas, like pastures and cultivations, and is not necessarily associated with water. In flight it gives a characteristic series of whistles.

Habitat	Alimentação / Food	Tamanho / Size
campos e pastagens	pequenos animais	50 cm
grasslands and pastures	small animals	

Savacu - *Nycticorax nycticorax*
Espécie muito mais ativa durante a noite ou crepúsculo; comum à beira de rios e lagos cercados por matas. De hábitos solitários, forma bandos somente durante o dia nas áreas de repouso, sendo que no final da tarde e início da noite os indivíduos se dispersam.

Black-crowned Night-Heron
Particularly active at dusk or at night and common along the banks of rivers or lakes bordered by forest. Of solitary habits, it forms flocks only by day at its resting area, and in the late afternoon and early evening the birds disperse singly.

Habitat	Alimentação / Food	Tamanho / Size
rios, lagos e mangues	peixes e invertebrados aquáticos	60 cm
rivers, lakes and mangroves	fish and aquatic invertebrates	

Colhereiro - *Platalea ajaja*
Espécie de fácil identificação devido à plumagem cor-de-rosa e ao bico característico em forma de colher. Os imaturos e os adultos fora da época reprodutiva, apresentam coloração rosa-tclara, bastante desbotada. Vive em bandos sempre associado a ambientes aquáticos. Muito raro na cidade de São Paulo; pode ser observado ocasionalmente no Parque Ecológico do Tiête.

Roseate Spoonbill
Easily recognised by its pink plumage and its characteristic spoon-shaped bill. The color of the immature birds and non-breeding adults is a pale, washed-out pink. They live in flocks, invariably in wetlands. Very rare in São Paulo but can occasionally be seen in the Tietê Ecological Park.

Habitat	Alimentação / Food	Tamanho / Size
rios, lagos e mangues	peixes, artrópodes e invertebrados aquáticos	90 cm
rivers, lakes and mangroves	fish, arthropods and aquatic invertebrates	

Urubu - *Coragyps atratus*

Talvez uma das aves mais facilmente observável em São Paulo. Comum nas áreas da periferia onde existem lixões e terrenos abandonados que servem de depósito de lixo. Também é comum observá-lo pousado no alto de prédios, onde pode nidificar. Ao contrário dos adultos, os filhotes são brancos, adquirindo coloração escura por volta dos dois meses de idade.

Black Vulture

One of the easiest birds to see in São Paulo. Common on the outskirts of the city at rubbish dumps and unbuilt plots with piles of garbage. They are also often seen perched on buildings where they may nest. In contrast with the adults the chicks are white, acquiring their dark plumage at about two months of age.

Habitat	Alimentação / Food	Tamanho / Size
cidades, campos, florestas e praias	animais mortos	60 cm
towns, open areas, forests and beaches	carrion	

Marreca-caneleira - *Dendrocygna bicolor*
Esta espécie de marreca é mais rara do que o irerê (*Dendrocygna viduata*). Na cidade de São Paulo alguns indivíduos podem ser vistos no lago do Parque do Ibirapuera, juntamente com bandos de irerês. Apresenta comportamento migratório, desaparecendo de algumas áreas em determinadas épocas.

Fulvous Whistling-Duck
This duck is less common than White-faced Whistling-Duck. In the city of São Paulo occasional birds can be seen on the lake in Ibirapuera Park together with flocks of White-faced Whistling-Duck. It is migratory, disappearing from some areas at certain times of the year.

Habitat	Alimentação / Food	Tamanho / Size
lagos e banhados	brotos e plantas aquáticas	48 cm
lakes and wetlands	shoots and aquatic plants	

Irerê - *Dendrocygna viduata*
Um dos patos mais comuns no Brasil, vive em lagoas e banhados, mesmo em áreas urbanas. Em São Paulo é comum ouvir a vocalização de grandes bandos de irerês que sobrevoam a cidade durante a noite.

White-faced Whistling-Duck
One of the most common ducks in Brazil, living in lakes and wetlands, even in urban areas. In São Paulo the calls of large flocks of White-faced Whistling-Duck are often heard as they fly over the city at night.

Habitat	Alimentação / Food	Tamanho / Size
lagoas e banhados	folhas, sementes e invertebrados	45 cm
lakes and wetlands	leaves, seeds and invertebrates	

Ananaí - *Amazonetta brasiliensis*

Ao contrário do irerê, este pequeno pato vive geralmente em casais ou pequenos grupos. Vive escondido na vegetação, levantando vôo rapidamente quando alguém se aproxima, ficando então visível uma mancha branca nas asas, que facilita sua identificação.

Brazilian Teal

In contrast to White-faced Whistling-Duck, this small duck usually lives in pairs or small groups, hidden in the vegetation. It takes flight quickly when someone approaches, when a white patch is visible on its wings, aiding identification.

Habitat	Alimentação / Food	Tamanho / Size
banhados e lagoas com vegetação aquática	folhas, sementes e invertebrados	40 cm
wetlands and lakes with aquatic plants	leaves, seeds and invertebrates	

Gavião-peneira - *Elanus leucurus*
É uma espécie característica de ambientes abertos, e vem aumentando sua área de distribuição devido aos desmatamentos. Tem o hábito de ficar parada no ar, batendo as asas intensamente contra o vento ("peneirar") enquanto procura por alimento. Em São Paulo é muito comum observar essa espécie "peneirando" acima da vegetação aberta existente ao longo dos rios Pinheiros e Tietê.

White-tailed Kite
A typical species of open areas whose range is increasing because of deforestation. It often hovers, beating its wings strongly in the wind, as it looks for prey. In São Paulo the species can very commonly be seen hovering above the low vegetation along the Pinheiros and Tietê rivers.

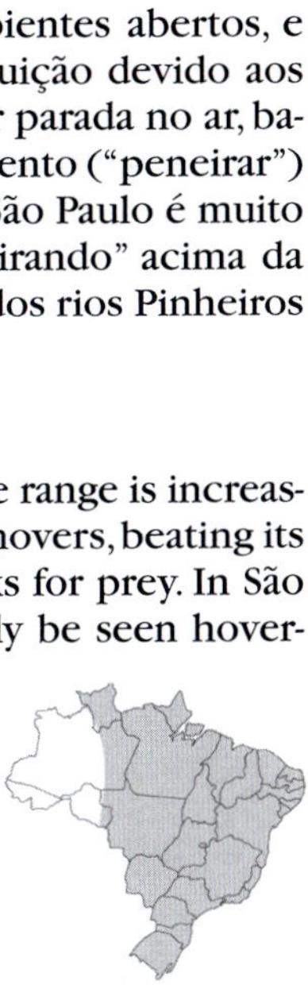

Habitat	Alimentação / Food	Tamanho / Size
campos naturais e antrópicos	pequenos vertebrados e artrópodes	35 cm
natural and man-made grasslands	small vertebrates and arthropods	

Gavião-de-cabeça-cinza – *Leptodon cayanensis*
Esta espécie de gavião pode ser observada nas matas existentes nos arredores da cidade de São Paulo. Indivíduos imaturos já foram encontrados dentro da cidade, o que indica que a espécie possivelmente se reproduz na região. Nas matas, tem o hábito de pousar no alto das árvores, onde permanece imóvel.

Gray-headed Kite
This raptor can be seen in the forests around the city of São Paulo. Immature birds have been found within the city limits, indicating that the species may nest in the area. In the forest it usually perches in the canopy, where it stays immobile.

Habitat	Alimentação / Food	Tamanho / Size
florestas	artrópodes e pequenos vertebrados	55 cm
forests	arthropods and small vertebrates	

Gavião-bombachinha - *Harpagus diodon*
A característica principal deste pequeno gavião de mata são os "calções" castanhos, que contrastam com o restante do corpo. É mais facilmente observado pousado na borda das mata ou em vôos circulares acima da floresta.

Rufous-thighed Kite
The most important field mark of this species is its rufous 'trousers', which contrast with the rest of the body. It is most easily seen perched at the forest edge or circling above the trees.

Habitat	Alimentação / Food	Tamanho / Size
interior e bordas de florestas	artrópodes e pequenos vertebrados	35 cm
forest interior and edge	arthropods and small vertebrates	

Sovi - *Ictinia plumbea*

Chama a atenção pela ponta das asas finas de coloração castanho. Na região sudeste a espécie aparece entre os meses de setembro e outubro, quando se reproduz. Em janeiro o filhote já pode ser observado voando juntamente com os pais. Ocupam sempre o mesmo território, podendo, inclusive, reutilizar o mesmo ninho.

Plumbeous Kite

The chestnut tips of its narrow wings are distinctive. It appears in southeast Brazil during September and October, when it breeds. In January the young birds can be seen flying with their parents. It always returns to the same territory and may even use the same nest.

Habitat	Alimentação / Food	Tamanho / Size
áreas abertas e florestas	artrópodes e pequenos vertebrados	35 cm
open areas and forests	arthropods and small vertebrates	

Caramujeiro - *Rostrhamus sociabilis*
Este gavião se alimenta principalmente de caramujos do gênero *Pomacea.* Caça em vôo apanhando o caramujo com os pés, empoleirando em seguida para comê-lo.Tem hábitos solitários durante o dia, mas pode formar grandes bandos para pernoitar. Realiza movimentos migratórios.

Snail Kite
This hawk feeds mainly on a snail of the *Pomacea* genus. It hunts on the wing, catching the snails with its feet and then perching to eat them. During the day it is usually solitary but may form large flocks to roost. It makes migratory movements.

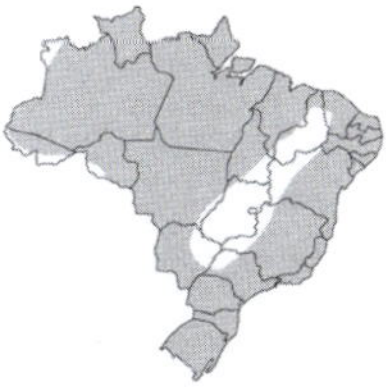

Habitat	Alimentação / Food	Tamanho / Size
banhados, beira de rios e lagos	caramujos	40 cm
wetlands, river banks and lakes	snails	

Gavião-carijó - *Rupornis magnirostris*

Um dos gaviões mais comuns em cidades, sendo raro em áreas extensamente florestadas. Na cidade de São Paulo pode ser encontrado praticamente em todos os bairros, porém é mais comum em parques e nos bairros mais arborizados. Tem o hábito de empoleirar em postes e fios de transmissão de energia.

Roadside Hawk

One of the most common hawks in towns, but rare in densely forested areas. In the city of São Paulo it can be found almost everywhere but is most common in parks or well wooded districts. It usually perches on electricity poles and wires.

Habitat	Alimentação / Food	Tamanho / Size
campos, cerrados, bordas de matas e áreas urbanas	artrópodes e pequenos vertebrados	35 cm
grasslands, savannas, forest edge and urban areas	arthropods and small vertebrates	

Gavião-pomba - *Leucopternis lacernulatus* Am. End.
Espécie ameaçada de extinção e endêmica da Mata Atlântica. Mais comumente encontrada nas matas de baixa encosta da Serra do Mar e restingas.Tem o hábito de ficar empoleirada próximo a pequenas estradas que cortam a mata, o que facilita sua observação. Alguns indivíduos já foram observados dentro da cidade de São Paulo.

White-necked Hawk Thr. End.
A species threatened with extinction and endemic to the Atlantic Forest. Usually found on the lower slopes of the Serra do Mar and in coastal white sand forests. It sometimes perches beside tracks that cross the forest, which makes it easier to see. One or two individuals have been recorded inside the city of São Paulo.

Habitat	Alimentação / Food	Tamanho / Size
florestas	aves, cobras e artrópodes	40 cm
forests	birds, snakes and arthropods	

Gavião-pega-macaco – *Spizaetus tyrannus*
É um dos maiores gaviões da Mata Atlântica, facilmente reconhecido pela sua vocalização, que consiste de uma seqüência de assobios finos. A reprodução desses assobios por meio de gravador (método do *play-back*) atrai a espécie, possibilitando a sua observação. Pode ser encontrado nas áreas de floresta ao redor de São Paulo, como na Serra da Cantareira e nas matas ao redor da represa Billings.

Black Hawk-Eagle
One of the biggest hawks of the Atlantic Forest, easily recognized by its call, a series of shrill whistles. Playback of these whistles with a tape recorder attracts the bird so that it may be seen at closer range. It is found in the forests around São Paulo, for example in the Serra da Cantareira and the woodland around the Billings reservoir.

Habitat	Alimentação / Food	Tamanho / Size
florestas	mamíferos (sagüis, morcegos) e aves	70 cm
forests	mammals (marmosets, bats) and birds	

Águia-pescadora – *Pandion haliaetus*
Espécie de grande porte, vive sempre próxima a extensões de água. Ocorre em todo o Brasil; na região de São Paulo pode ser observada nas represas Billings e Guarapiranga, preferencialmente no verão. Realiza movimentos migratórios.

Osprey
A large species which always lives near wide expanses of water. It occurs throughout Brazil and around São Paulo may be seen on the Billings and Guarapiranga reservoirs, especially in summer. It makes migratory movements.

Habitat	Alimentação / Food	Tamanho / Size
beira de represas, rios e estuários	peixes	60 cm
banks of reservoirs, rivers and estuaries	fish	

Acauã - *Herpetotheres cachinnans*
O nome comum da espécie é uma onomatopéia, ou seja, corresponde à sonoridade de sua vocalização, uma seqüência de gritos trissilábicos "a-cau-ã". Essa vocalização é emitida geralmente ao final do dia, mas em algumas ocasiões pode cantar à noite.

Laughing Falcon
The English name of the species refers to its call, a long series of three syllable notes sounding like its Brazilian name "a-cau-ã". This song is usually given in the evening and it may even sing at night.

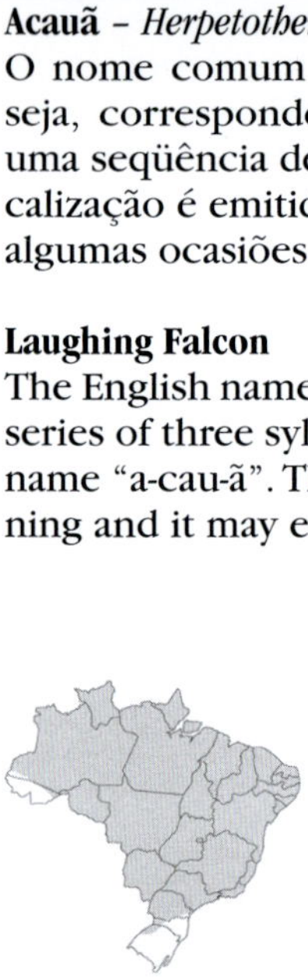

Habitat	Alimentação / Food	Tamanho / Size
áreas abertas, cerrados e florestas	artrópodes e pequenos vertebrados, inclusive cobras	50 cm
open areas, savannas and forests	vertebrates, including snakes, and arthropods	

Gavião-caburé - *Micrastur ruficollis*
Este pequeno falcão florestal é de difícil visualização, sendo bastante arisco à aproximação de pessoas. A maneira mais fácil de registrar a espécie é através de sua vocalização (uma seqüência monótona "qüea, qüea, qüea") emitida continuamente nas primeiras horas do dia e ao entardecer.

Barred Forest-Falcon
This small falcon of the forests is difficult to see, being shy and avoiding humans. The easiest way to find it is by its call, a monotonous series of "qüea, qüea, qüea" notes, uttered continuously in the early morning and at dusk.

Habitat	Alimentação / Food	Tamanho / Size
florestas	pequenos vertebrados e artrópodes	35 cm
forests	small vertebrates and arthropods	

Carrapateiro – *Milvago chimachima*
Espécie muito comum, ocorre nas áreas abertas de praticamente todo o Brasil. Tem o hábito de acompanhar o gado, pousando sobre os animais para se alimentar de carrapatos.

Yellow-headed Caracara
A very common species, found in open areas throughout most of Brazil. It likes to follow cattle, perching on the animals' backs to search for ticks.

Habitat	Alimentação / Food	Tamanho / Size
cerrados, campos e pastagens	artrópodes, pequenos vertebrados e carniça	40 cm
savannas, grasslands and pastures	arthropods, small vertebrates and carrion	

Caracará - *Caracara plancus*
Espécie característica de lugares abertos, eventualmente pode ser encontrada em áreas florestadas, dentro de clareiras e à beira de estradas que cortam a mata. Muito comum também próximo a estradas asfaltadas, onde se alimenta de animais atropelados.

Southern Caracara
A characteristic species of open areas, though sometimes found in forests at clearings or where a road cuts through the forest. Also very common along highways where it feeds on road kills.

Habitat	Alimentação / Food	Tamanho / Size
campos, cerrados, caatingas e áreas urbanas	vertebrados, artrópodes e carniça	60 cm
grasslands, savannas, arid scrublands and urban areas	vertebrates, arthropods and carrion	

Falcão-peregrino - *Falco peregrinus*
Espécie migratória, aparece em São Paulo entre a primavera e o verão. Durante esse período, pode ser observado pousado no alto dos prédios em vários bairros da cidade, onde se alimenta principalmente do pombo-doméstico (*Columba livia*).

Peregrine Falcon
A migratory species, appearing in São Paulo in spring and summer. During this period this falcon can be seen in various parts of the city perched high up on tall buildings where its principal prey is the Feral Rock Dove.

Habitat	Alimentação / Food	Tamanho / Size
áreas abertas, florestas e cidades	aves	50 cm
open areas, forests and towns	birds	

Falcão-de-coleira - *Falco femoralis*
Este falcão é raro na área urbana, porém é facilmente observado em ambientes abertos. Uma característica marcante no padrão de coloração da espécie é a presença de uma faixa vertical negra abaixo do olho, o que facilita sua identificação.

Aplomado Falcon
This falcon is rare in the city but is readily seen in open areas. A diagnostic field mark is the vertical black line below the eye, by which it is easily identified.

Habitat	Alimentação / Food	Tamanho / Size
áreas abertas e cerrados	artrópodes e pequenos vertebrados	35 cm
open areas and savannas	arthropods and small vertebrates	

Quiriquiri - *Falco sparverius*
A fêmea possui asas ferrugíneas manchadas de negro e cauda com listras negras. Este pequeno falcão vive em casais nos mais diversos ambientes e em todas as regiões do Brasil. Nas cidades é comum observar a espécie pousada nas antenas instaladas no alto dos prédios.

American Kestrel
The female has rust-colored wings, flecked with black, and its tail is streaked black. This small falcon lives in pairs in a wide range of habitats all over Brazil. In towns it can often be seen perched on aerials on top of buildings.

Habitat	Alimentação / Food	Tamanho / Size
áreas abertas, cerrados e cidades	artrópodes e pequenos vertebrados	25 cm
open areas, savannas and towns	arthropods and small vertebrates	

Jacuguaçu - *Penelope obscura*
Espécie característica de mata, é bastante arisca e arredia, porém pode tornar-se mansa em lugares onde não é caçada. Quando assustada, emite fortíssimo grito ("rá-aaa..."), que denuncia imediatamente sua presença. Vive em pequenos grupos, com cerca de 3 a 4 indivíduos. No interior de São Paulo é substituída pelo Jacupemba (*Penelope superciliaris*).

Dusky-legged Guan
A characteristic forest species, normally shy and timid, but sometimes tame in places where it is not hunted. When alarmed it gives a very loud alarm call. It lives in small groups of 3 or 4 individuals. In the interior of the state of São Paulo it is replaced by Rusty-margined Guan

Habitat	Alimentação / Food	Tamanho / Size
florestas	frutos, sementes, folhas e artrópodes	75 cm
forests	fruit, seeds, leaves and arthropods	

Uru - *Odontophorus capueira*
Vive em bandos, andando no chão da mata. Quando assustado, foge correndo ou mesmo voando, de maneira desajeitada, para as árvores mais próximas. Possui vocalização muito característica, constituída de uma seqüência longa e rápida "urú, urú, urú, urú, urú...", emitida no início do dia e no final da tarde.

Spot-winged Wood-Quail
It lives in flocks, on the forest floor. When alarmed, they scatter, usually running off but sometimes flying awkwardly to the nearest trees. The species' song is very characteristic, consisting of a long, rapid series of calls "urú, urú, urú, urú, urú...", given in the early morning and at dusk.

Habitat	Alimentação / Food	Tamanho / Size
florestas	frutos e sementes	25 cm
forests	fruit and seeds	

Carão - *Aramus guarauna*
Esta espécie de grande porte vive em casais. Apresenta vôo característico, com o pescoço e as pernas esticados, um pouco inclinados em relação ao corpo. O bico longo e afiado facilita a obtenção do alimento. Nos arredores de São Paulo, pode ser observado nas lagoas do Parque Ecológico do Tietê.

Limpkin
This is a large bird and lives in pairs. It has a characteristic flight with outstretched neck and legs held a little below the body. Its long bill enables it to probe for food. Around São Paulo it may be seen at the Tietê Ecological Park.

Habitat	Alimentação / Food	Tamanho / Size
banhados	gastrópodes aquáticos	70 cm
wetlands	aquatic snails	

Saracura-sanã - *Pardirallus nigricans*
Esta saracura é muito comum, podendo ser encontrada em qualquer área de brejo. De hábitos solitários, vive escondida no meio da vegetação, sendo mais facilmente detectada por meio de sua vocalização, que consiste de gritos longos ("íííí-ii, íííí-ii...") emitidos durante o dia.

Blackish Rail
This rail is very common and may be found in any marsh. Of solitary habits it lives hidden in the vegetation and may most easily be detected by its call, a series of long cries ("íííí-ii, íííí-ii...") given during the day.

Habitat	Alimentação / Food	Tamanho / Size
brejos	brotos, artrópodes e pequenos vertebrados	30 cm
marshes	shoots, arthropods and small vertebrates	

Saracura-carijó - *Pardirallus maculatus*

Como o próprio nome já diz, esta saracura pode ser rapidamente identificada pelo seu padrão estriado de plumagem. O bico verde também chama a atenção. Essa espécie, assim como os outros ralídeos, tem grande capacidade de dispersão, podendo voar por longas distâncias.

Spotted Rail

This rail is easily identified by its streaked plumage. Its green bill is also distinctive. Like other rails it is capable of traveling long distances, being a strong flier.

Habitat	Alimentação / Food	Tamanho / Size
brejos	brotos, artrópodes e pequenos peixes	30 cm
marshes	shoots, arthropods and small fish	

Saracura-do-mato - *Aramides saracura* End.
Esta espécie de saracura habita preferencialmente áreas de brejo. No entanto é comum encontrar a espécie no interior da mata, longe de qualquer área alagada. É uma ave arisca, sendo mais fácil observá-la no final da tarde, quando procura alimento em locais de vegetação mais aberta.

Slaty-breasted Wood-Rail End.
This wood-rail prefers marshy habitats, but nevertheless is often found inside the forest, well away from any water. It is a shy bird and is most easily seen in the late afternoon when it looks for food in areas with more open vegetation.

Habitat	Alimentação / Food	Tamanho / Size
brejos e florestas	brotos, artrópodes e pequenos vertebrados	35 cm
marshes and forests	shoots, arthropods and small vertebrates	

Frango-d'água - *Gallinula chloropus*

Uma das espécies de aves aquáticas mais comuns no Brasil. Vive sempre em casais e nada muito bem. Pode realizar mais de uma postura por ano, sempre entre a primavera e o verão, quando é comum observar os adultos acompanhados de três ou quatro filhotes. Nos arredores de São Paulo, é extremamente abundante no Parque Ecológico do Tietê.

Common Moorhen

One of the most common water birds in Brazil. It always lives in pairs and swims very well. It may lay more than one clutch of eggs per year, always in spring and summer, when it is common to see the adults followed by three or four chicks. Around São Paulo it is extremely common in the Tietê Ecological Park.

Habitat	Alimentação / Food	Tamanho / Size
lagos e brejos	brotos e artrópodes	34 cm
lakes and marshes	shoots and arthropods	

Frango-d'água-azul - *Porphyrio martinica*
Ocorre em todo o Brasil, aparecendo, inclusive, em ilhas oceânicas distantes da costa. Possui movimentos migratórios fora da época de reprodução. A muda de todas as rêmiges ocorre simultaneamente, impossibilitando o vôo nesse período, tornando a ave bastante vulnerável aos predadores.

Purple Gallinule
Occurs throughout Brazil, including oceanic islands a long way offshore. Outside the breeding season it makes migratory movements. It molts its flight feathers all at once and cannot fly at this time, leaving it extremely vulnerable to predation.

Habitat	Alimentação / Food	Tamanho / Size
brejos e lagos	brotos e artrópodes	35 cm
marshes and lakes	shoots and arthropods	

Jaçanã - *Jacana jacana*

Vive em casais, sendo que a fêmea é maior que o macho. Possui os dedos dos pés muito longos, o que facilita o deslocamento da ave por cima da vegetação flutuante. Tem o hábito de levantar as asas com freqüência, exibindo a coloração amarelo-esverdeada das rêmiges.

Wattled Jacana

Lives in pairs, the female being larger than the male. Its toes are very long enabling it to walk about on floating vegetation. It raises its wings frequently, showing the greenish yellow color of its flight feathers.

Habitat	Alimentação / Food	Tamanho / Size
pequenos brejos e banhados	artrópodes, moluscos e pequenos peixes	25 cm
small marshes and wetlands	arthropods, mollusks and small fish	

Quero-quero - *Vanellus chilensis*
É uma espécie muito conhecida, podendo ser encontrada em qualquer área descampada, mesmo dentro das cidades. Sua voz é muito característica, lembrando "quero-quero", o que originou o nome comum da espécie. Vive em casais, mas eventualmente pode formar grandes bandos.

Southern Lapwing
A very well known species which may be found in any open area, even in towns. Its call is very distinctive, sounding like "quero-quero", its popular name in Brazil. It usually lives in pairs but may form large flocks.

Habitat	Alimentação / Food	Tamanho / Size
campos e pastagens	artrópodes	40 cm
grasslands and pastures	arthropods	

Asa-branca - *Columba picazuro*
Quando em vôo, a principal característica da espécie é a faixa branca na parte superior das asas. Esta espécie vem sendo beneficiada com os desmatamentos, ampliando muito sua população e área de ocorrência.

Picazuro Pigeon
In flight the distinctive field mark is the white band on the upper side of the wing. This species has benefited from deforestation and its population and range have increased accordingly.

Habitat	Alimentação / Food	Tamanho / Size
campos, plantações, caatingas e capoeiras	sementes e frutos	35 cm
grasslands, cultivations, arid scrubland and secondary growth	seeds and fruit	

Pomba-galega - *Columba cayennensis*
Esta pomba é muito comum nas florestas de restinga. De hábitos solitários, costuma pousar em galhos secos no alto das árvores, o que facilita sua observação. Pode descer ao chão da mata para se alimentar.

Pale-vented Pigeon
This pigeon is very common in coastal white sand forest. Of solitary habits, it perches on bare branches on the top of trees, making it easy to see. It may come down to the forest floor to feed.

Habitat	Alimentação / Food	Tamanho / Size
florestas e capoeiras	frutos e sementes	30 cm
forests and secondary growth	fruit and seeds	

Pomba-amargosa – *Columba plumbea*
Espécie florestal, vive preferencialmente em matas mais preservadas. Realiza migrações altitudinais ao longo da Serra do Mar em São Paulo, ocupando preferencialmente áreas de mata de baixada durante o inverno. Pode ser um eficiente dispersor de frutos que possuem sementes pequenas.

Plumbeous Pigeon
A forest species, for preference living in undisturbed growth. In the Serra do Mar of the state of São Paulo it makes altitudinal migratory movements, preferring to spend the winter in the lowlands. It is an efficient disperser of fruit with small seeds.

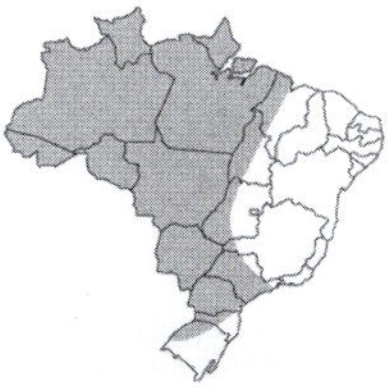

Habitat	Alimentação / Food	Tamanho / Size
florestas	frutos	35 cm
forests	fruit	

Pombo-doméstico - *Columba livia*
Originária da Europa, esta pomba foi introduzida no Brasil no século XVI e desde então se proliferou, ocupando todas as regiões brasileiras. Em algumas cidades, o pombo-doméstico chega a ser considerado praga, representando um problema de saúde pública.

Feral Rock Dove
Originally from Europe, this pigeon was introduced into Brazil in the XVIth century and since then has multiplied and spread to all parts of the country. In some towns the pigeon has become a pest and a public health hazard.

Habitat	Alimentação / Food	Tamanho / Size
entornos de moradias e áreas urbanas	restos de alimentos, sementes e frutos	40 cm
around houses and in urban areas	food scraps, seeds and fruit	

Avoante – *Zenaida auriculata*

Assim como a asa-branca (*Columba picazuro*), esta espécie se beneficiou dos desmatamentos ocorridos no interior do Estado de São Paulo, tornando-se uma das aves mais comuns nas áreas mais devastadas do interior do Estado.

Eared Dove

Like the Picazuro Pigeon, this species has benefited from the deforestation of the interior of the state of São Paulo, becoming one of the most abundant species in the most deforested parts of the state.

Habitat	Alimentação / Food	Tamanho / Size
campos, plantações e caatingas	sementes	20 cm
grasslands, cultivations and arid scrubland	seeds	

Rolinha - *Columbina talpacoti*
A fêmea possui coloração bege uniforme, sem o contraste do cinza na cabeça, típico do macho. Uma das pombas mais comuns no Brasil, adaptou-se muito bem à vida nas cidades, tornando-se uma das mais características aves urbanas.

Ruddy Ground-Dove
The female is a uniform beige color, without the contrasting grey head of the male. It is one of the most common doves in Brazil and has adapted well to city life, becoming one of the most characteristic urban birds.

Habitat	Alimentação / Food	Tamanho / Size
campos, bordas de matas e cidades	sementes e frutas	15 cm
grasslands, forest edge and towns	seeds and fruit	

Juriti – *Leptotila verreauxi*
Muito parecida com a espécie descrita a seguir, distingue-se pela coloração cinza no alto da cabeça e azulada na região em volta dos olhos. A vocalização é constituída por um canto dissilábico "u - u", com intervalo entre cada repetição em torno de 9 ou 10 segundos.

White-tipped Dove
Very similar to the next species, it may be separated by the gray on its crown and its blue eye ring. Its call consists of a two syllable "u - u", with an interval between each call of about nine to ten seconds.

Habitat	Alimentação / Food	Tamanho / Size
interior e bordas de florestas	sementes e pequenos frutos	25 cm
forests and forest edge	seeds and small fruit	

Gemedeira – *Leptotila rufaxilla*
Possui a fronte branca e a área ao redor dos olhos avermelhada. Seu canto é uma nota simples "u", repetido a intervalos de cerca de 5 segundos. A diferença no ritmo do canto é, aparentemente, a forma mais eficiente para separar as duas espécies do gênero *Leptotila.*

Gray-fronted Dove
Its forecrown is white and its eye ring white. Its call is a single note, a simple "u", repeated at intervals of about five seconds. This difference in the pace of the song appears to be the most reliable way to separate the two species of the *Leptotila* genus.

Habitat	Alimentação / Food	Tamanho / Size
florestas	sementes e pequenos frutos	25 cm
forests	seeds and small fruit	

Maracanã-nobre – *Diopsittaca nobilis*

Esta espécie colonizou recentemente a cidade de São Paulo, provavelmente devido a solturas ou escapes de indivíduos de cativeiro. Pode ser observada nos bairros mais arborizados da cidade, em casais ou fora da época reprodutiva, em bandos com até 20 indivíduos.

Red-shouldered Macaw

This species has recently colonized the city of São Paulo, probably as a result of birds being set free or escaping from captivity. It can be seen in the more well wooded parts of the city, in pairs or, outside the breeding season, in flocks of up to 20 individuals.

Habitat	Alimentação / Food	Tamanho / Size
cerrados, bordas de mata e buritizais	frutos e sementes	35 cm
savannas, forest edge and groves of Mauritia palms	fruit and seeds	

Periquitão-maracanã – *Aratinga leucophthalma*
Ocorre em todo o Brasil, mas vem se tornando mais comum em algumas regiões do interior de São Paulo. Não é uma espécie comum na cidade de São Paulo. Nidifica em cavidades naturais, em árvores ou barrancos à beira de rios ou estradas.

White-eyed Parakeet
Found all over Brazil and becoming especially common in certain regions in the interior of the state of São Paulo. It is not a common species in the city of São Paulo. It nests in natural holes in trees or banks beside rivers or roads.

Habitat	Alimentação / Food	Tamanho / Size
cerrados, bordas de mata e campos com árvores esparsas e pomares	frutos e sementes	30 cm
savannas, forest edge and rural areas with scattered trees and orchards	fruit and seeds	

Tiriba - *Pyrrhura frontalis* End.
Esta espécie está restrita às áreas florestadas nos arredores de São Paulo. Eventualmente, alguns indivíduos aparecem em parques e bairros bem arborizados da cidade. Voam em bandos com cerca de 5 a 10 indivíduos, logo acima da copa das árvores.

Maroon-bellied Parakeet End.
This species is restricted to the forests around São Paulo. Occasionally a few individuals may appear in parks or well wooded parts of the city. They fly just above the canopy in groups of 5 to 10 individuals.

Habitat	Alimentação / Food	Tamanho / Size
florestas	frutos e sementes	25 cm
forests	fruit and seeds	

Tuim - *Forpus xanthopterygius*

Este pequeno periquito é um dos menores representantes da família Psittacidae no Brasil. Vive em pequenos bandos, formado por vários casais. A fêmea é totalmente verde, não possuindo o azul nas asas e no dorso característico dos machos. Nidifica em cavidades de árvores, cupinzeiros e aproveita também os ninhos abandonados do joão-de-barro (*Furnarius rufus*).

Blue-winged Parrotlet

This is one of the smallest members of the parrot family in Brazil. In lives in small flocks made up of several pairs. The female is completely green, without the blue on the wings and back of the male. It nests in holes in trees and anthills and also makes use of abandoned nests of Rufous Hornero.

Habitat	Alimentação / Food	Tamanho / Size
bordas de mata, cerrados, campos e jardins	frutos, sementes e brotos	10 cm
forest edge, savannas, grasslands and gardens	fruit, seeds and shoots	

Periquito – *Brotogeris tirica* End.

Esta espécie está se tornando uma das aves mais comuns na cidade de São Paulo, podendo ser encontrada até mesmo em bairros pouco arborizados. Nidifica em cavidades nas árvores ou em cupinzeiros arborícolas. Em áreas urbanas, pode nidificar sob o telhado das casas. Na cidade de São Paulo, alguns indivíduos de *B. chiriri* (que se distingue pelo amarelo na face ventral das rectrizes) típico do Brasil Central, podem ser observados formando bandos com *Brotogeris tirica*.

Plain Parakeet End.

This species is becoming one of the most common birds of the city of São Paulo. It nests in holes in trees or arboreal termite nests. In urban areas it may nest in the roofs of houses. In the city of São Paulo, a few individuals of Yellow-chevroned Parakeet, a bird typical of central Brazil which can be recognized by the yellow on the underside of the tail feathers, can sometimes be seen flocking with Plain Parakeet.

Habitat	Alimentação / Food	Tamanho / Size
florestas e parques urbanos	frutos, néctar e sementes	25 cm
forests and city parks	fruit, nectar and seeds	

Cuiú-cuiú – *Pionopsitta pileata* End.

A fêmea apresenta a plumagem toda verde, sem o vermelho no alto da cabeça e em volta dos olhos. O cuiú-cuiú vive em matas bem preservadas, preferencialmente no alto das serras. Forma pequenos bandos que sobrevoam a mata a grandes alturas. Nos arredores de São Paulo, pode ser encontrado na Serra da Cantareira e na reserva do Morro Grande. No inverno, alguns indivíduos podem ser observados no campus da Universidade de São Paulo.

Pileated Parakeet End.

The plumage of the female is entirely green, without the red on the crown and around the eyes. This parakeet lives in well preserved forests, preferably in the mountains. It flies high above the forest in small flocks. Around São Paulo it may be found on the Serra da Cantareira and in the Morro Grande reserve. In winter a few individuals may be seen in the campus of the São Paulo University.

Habitat	Alimentação / Food	Tamanho / Size
florestas	frutos	20 cm
forests	fruit	

Maitaca - *Pionus maximiliani*

Esta espécie pode ser rapidamente identificada pelo modo característico de voar, levando as asas abaixo do nível do corpo. É muito comum nas florestas situadas nos arredores de São Paulo, podendo eventualmente ser encontrada mesmo em pequenos fragmentos florestais. Vive em casais ou em pequenos bandos.

Scaly-headed Parrot

This species can readily be identified by its characteristic flight, with its wings keeping below the level of the body. It is very common in the forests around São Paulo and can be found even in small forest fragments. It lives in pairs or small flocks.

Habitat	Alimentação / Food	Tamanho / Size
florestas	frutos e sementes	30 cm
forests	fruit and seeds	

Papagaio-verdadeiro – *Amazona aestiva*

Assim como a maracanã-nobre (*Diopsittaca nobilis*), o papagaio-verdadeiro foi introduzido recentemente na cidade de São Paulo. Até o momento, parece estar restrito à região oeste da cidade, em bairros mais arborizados. Pode ser facilmente reconhecido pelo tamanho e pela vocalização "cráu, cráu, cráu...".

Blue-fronted Parrot

Like Red-shouldered Macaw, Blue-fronted Parrot has been recently introduced into the city of São Paulo. At the moment it is restricted to the districts in the west of the city with more trees. It is easily recognized by its large size and its call "cráu, cráu, cráu...".

Habitat	Alimentação / Food	Tamanho / Size
bordas de mata e cerrados	frutos e sementes	35 cm
forest edge and savannas	fruit and seeds	

Sabiá-cica - *Triclaria malachitacea* Am. End.
Ao contrário do macho, a fêmea não apresenta a coloração azul no ventre. Vive em casais ou pequenos grupos no interior de matas bem preservadas. Geralmente voa logo abaixo do dossel, sendo difícil a sua observação. Chama a atenção pela vocalização, que lembra muito o canto do sabiá-de-coleira (*Turdus albicollis*). É uma espécie territorial e pode ser facilmente atraída pela reprodução do seu canto. Nos arredores de São Paulo ainda é encontrado nos trechos de matas mais preservadas da reserva do Morro Grande.

Blue-bellied Parrot Thr. End.
In contrast with the male, the female has no blue on the belly. It lives in pairs or in small groups inside well preserved forests. Its voice is distinctive and is very reminiscent of the song of White-necked Thrush. It is a territorial bird and can easily be attracted by reproducing its song. Around São Paulo it can still be found in the better preserved areas of the Morro Grande reserve.

Habitat	Alimentação / Food	Tamanho / Size
florestas	frutos	30 cm
forests	fruit	

Papa-lagarta – *Coccyzus melacoryphus*
Esta espécie vive escondida nos emaranhados dos galhos, poucos metros acima do solo. Evita áreas de matas densas, podendo se beneficiar com os desmatamentos e processo de "secundarização" das matas. A coloração verde uniforme dos ovos é bem característica.

Dark-billed Cuckoo
This bird lives hidden in tangled branches a few feet above the ground. It avoids dense forest and may benefit from deforestation and the transformation of forest into secondary growth. The uniform green color of its eggs is characteristic.

Habitat	Alimentação / Food	Tamanho / Size
florestas, capoeiras e campos com árvores esparsas	artrópodes	30 cm
forests, secondary growth and grasslands with scattered trees	arthropods	

Alma-de-gato – *Piaya cayana*

O que mais chama a atenção nesta espécie é a cauda longa, cujo lado inferior apresenta grandes manchas brancas. Sua cauda é tão comprida que fica levemente caída durante o vôo. Vive solitária ou em casais no alto das árvores e possui grande habilidade para saltar de um galho a outro.

Squirrel Cuckoo

The most distinctive feature of this bird is its long tail with large white spots on the underside. The tail is so long that it hangs down slightly in flight. It lives alone or in pairs and hops nimbly from one branch to another.

Habitat	Alimentação / Food	Tamanho / Size
florestas, cerrados e áreas abertas com árvores esparsas	artrópodes e pequenos vertebrados	45 cm
forests, savannas and open areas with scattered trees	arthropods and small vertebrates	

Anu-preto – *Crotophaga ani*
Esta espécie vive sempre em bandos, formados por aproximadamente 10 indivíduos. Realiza vôos curtos, não muito altos, entre árvores, arbustos ou mesmo moitas de capim. Desce ao solo com freqüência para procurar alimento.

Smooth-billed Ani
This species always lives in flocks of about 10 birds. It makes short, low flights between trees, bushes and even tufts of grass. It often drops down to the ground to look for food.

Habitat	Alimentação / Food	Tamanho / Size
campos e jardins	artrópodes e pequenos vertebrados	35 cm
grasslands and gardens	arthropods and small vertebrates	

Anu-branco – *Guira guira*
Da mesma forma que o anu-preto, vive sempre em bandos em áreas abertas. Torna-se mais abundante em áreas alteradas, como parques urbanos, do que em cerrados preservados, que constituem seu habitat original. Apresenta uma nítida preferência por nidificar no pinheiro-do-paraná (*Araucaria angustifolia*).

Guira Cuckoo
Like Smooth-billed Ani it always lives in flocks in open areas. It becomes more abundant in degraded areas, like city parks, than in the savannas which are its original home. It shows a decided preference for making its nest in the araucaria (*Araucaria angustifolia*).

Habitat	Alimentação / Food	Tamanho / Size
campos, cerrados e parques urbanos	artrópodes e pequenos vertebrados	35 cm
fields, savannas and city parks	arthropods and small vertebrates	

Saci – *Tapera naevia*

Vive escondido em meio à vegetação densa, sendo muito difícil de ser observado. Entretanto, sua voz é facilmente reconhecida, sendo constituída de um assobio dissilábico "sa-ci", lembrando o nome comum da espécie. Canta com freqüência na época reprodutiva, inclusive durante a madrugada. É uma ave parasita, botando seus ovos no ninho de outras espécies.

Striped Cuckoo

It lives hidden in dense vegetation and is extremely difficult to see. Its voice, however, is easily recognized, being a two syllable whistle sounding like its Brazilian name *Saci*. It sings continuously during the breeding season, even during the night. It is a brood parasite, laying its eggs in the nests of other species.

Habitat	Alimentação / Food	Tamanho / Size
vegetação baixa densa e capoeiras	artrópodes	30 cm
low, dense vegetation and secondary growth	arthropods	

Suindara – *Tyto alba*
Espécie cosmopolita, ocorre em todos os continentes. Chama a atenção por sua coloração branca e tamanho. Nidifica em áreas abrigadas como galpões, casas abandonadas ou cavidades em árvores ou rochas. É comumente observada durante a noite pousada em mourões de cerca à beira de estradas.

Barn Owl
A cosmopolitan species which occurs in all the continents. Its white plumage and large size are distinctive. It nests in covered places like sheds or derelict houses or in cavities in trees or rocks. It is often seen at night perched on fence posts beside the road.

Habitat	Alimentação / Food	Tamanho / Size
campos e cidades	pequenos vertebrados (roedores) e artrópodes	40 cm
open areas and towns	small rodents and arthropods	

Corujinha-do-mato – *Otus choliba*
Esta pequena coruja pode ser observada durante a noite próxima a postes de iluminação, aproveitando para caçar os insetos atraídos pela luz. Apresenta duas fases distintas de coloração: uma ferrugínea e outra cinza.

Tropical Screech-Owl
This small owl can be seen at night around street lamps where it catches insects attracted by the light. It has two distinct color phases, one rufous and the other gray.

Habitat	Alimentação / Food	Tamanho / Size
bordas de mata, cerrados e cidades	artrópodes	25 cm
forest edge, savannas and towns	arthropods	

Murucututu – *Pulsatrix koeniswaldiana* End.

Uma das maiores corujas da Mata Atlântica. Durante o dia permanece imóvel, pousada no alto das árvores, permitindo, muitas vezes, a aproximação do observador. É uma espécie bastante territorial, sendo que o local de ocorrência de um indivíduo acaba sendo previsível, sendo fácil observá-lo sempre numa mesma área.

Tawny-browed Owl End.

One of the biggest owls of the Atlantic Forest. By day it remains motionless, perched high up, and often allows the observer to come close. It is a territorial species and once a particular pair is located they can thereafter be seen without difficulty in the same area.

Habitat	Alimentação / Food	Tamanho / Size
florestas	artrópodes e pequenos vertebrados	45 cm
forests	arthropods and small vertebrates	

Coruja-listrada – *Strix hylophila* End.
Esta coruja pode ser encontrada tanto no interior quanto nas bordas de matas. Sua vocalização é de fácil identificação, e consiste de uma seqüência descendente "ru ru ru ru ru - u, u, u, u, u". É facilmente atraída pelo método do *play-back*.

Rusty-barred Owl End.
This owl may be found in the forest interior or at the edge. Its call is easily identifiable and consists of a descending sequence of notes "ru ru ru ru ru - u, u, u, u, u". It is easily attracted by playback.

Habitat	Alimentação / Food	Tamanho / Size
florestas	artrópodes e pequenos vertebrados	35 cm
forests	arthropods and small vertebrates	

Coruja-buraqueira – *Athene cunicularia*
Uma das corujas mais comuns e conhecidas no Brasil. Ao contrário da maioria das outras corujas, também possui hábitos diurnos, o que facilita sua observação. Costuma pousar no chão, em arbustos ou cupinzeiros. É muito rara ou ausente em áreas florestadas. Nidifica em buracos no solo, muitas vezes sob cupinzeiros.

Burrowing Owl
One of the most common and best known owls in Brazil. Unlike most owls it is active by day which makes it easy to see. It perches on the ground, on bushes and on anthills. It is rare or absent in forested areas. It nests in holes in the ground, often in termite mounds.

Habitat	Alimentação / Food	Tamanho / Size
campos, cerrados, pastagens e gramados em cidades	artrópodes e pequenos vertebrados	25 cm
open areas, savannas, pastures and grassy areas in towns	arthropods and small vertebrates	

Coruja-do-mato – *Ciccaba virgata*
Vive preferencialmente no interior de matas bem preservadas, sendo pouco comum e de difícil observação. Tem o hábito de ficar imóvel, empoleirada no alto das árvores. Utiliza ocos de árvores para nidificação.

Mottled Owl
It prefers the interior of well preserved forests and is uncommon and difficult to see. It tends to remain motionless, perched high up in a tree. It uses hollow trees for its nest.

Habitat	Alimentação / Food	Tamanho / Size
florestas	artrópodes e pequenos vertebrados	35 cm
forests	arthropods and small vertebrates	

Coruja-orelhuda – *Rhinoptynx clamator*
Chamam a atenção na espécie as grandes "orelhas" situadas no alto da cabeça, acima dos olhos. Constrói o ninho no solo, escondido entre a vegetação densa. É relativamente comum na cidade de São Paulo, principalmente em bairros mais arborizados.

Striped Owl
Its long "ears" on the top of its head are distinctive. It makes its nest on the ground, hidden in dense vegetation. It is fairly common in the city of São Paulo, particularly in well wooded districts.

Habitat	Alimentação / Food	Tamanho / Size
áreas abertas, cerrados e cidades	artrópodes e pequenos vertebrados	40 cm
open areas, savannas and towns	arthropods and small vertebrates	

Mocho-diabo – *Asio stygius*
Como na espécie anterior, as grandes "orelhas" chamam a atenção. Vive em diferentes fisionomias de vegetação, desde áreas abertas até matas nativas e reflorestamentos de espécies exóticas. É rara na cidade de São Paulo, podendo aparecer eventualmente nos bairros mais arborizados.

Stygian Owl
Like the previous species it has prominent long "ears". It lives in different types of vegetation, from native forests to plantations of exotic species. It is rare in the city of São Paulo but may appear in well wooded areas.

Habitat	Alimentação / Food	Tamanho / Size
cerrados e bordas de mata	artrópodes e pequenos vertebrados	40 cm
savannas and forest edge	arthropods and small vertebrates	

Urutau – *Nyctibius griseus*
Possui hábitos noturnos, permanecendo imóvel no alto de um galho em posição ereta durante o dia. Sua voz é inconfundível, de tom bastante melancólico e constituída por uma seqüência descendente de gritos, facilmente imitável por meio de assobios, que atraem rapidamente a ave.

Common Potoo
A nocturnal bird which spends the day perched on a branch, upright and motionless. Its voice is unmistakable, a descending series of mournful whistles, which can easily be imitated to attract the bird.

Habitat	Alimentação / Food	Tamanho / Size
interior e bordas de matas, cerrados e áreas abertas com árvores esparsas	insetos	35 cm
forest interior and edge, savannas and open areas with scattered trees	insects	

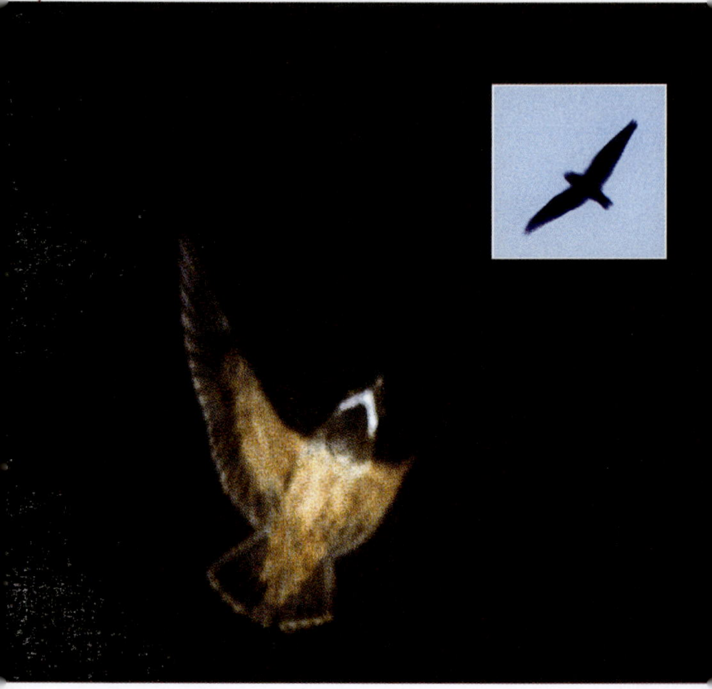

Tuju – *Lurocalis semitorquatus*
Quando em vôo, chama atenção a grande envergadura da espécie. O tuju é mais ativo no crepúsculo e de madrugada, quando sobrevoa a mata emitindo seu grito característico "tuit". Assim como a espécie anterior, é rapidamente atraído pela imitação da sua vocalização. É mais raro na área urbana, preferindo os parques ou bairros bem arborizados.

Short-tailed Nighthawk
In flight the large wingspan of the bird is distinctive. This nighthawk is most active at dusk and dawn when flies above the forest giving its characteristic call "tuit". Like the previous species it is readily attracted by imitating its call. It is rarer in urban areas, preferring parks or well wooded districts.

Habitat	Alimentação / Food	Tamanho / Size
bordas e interior de matas	insetos	27 cm
forest interior and edge	insects	

Corucão – *Podager nacunda*
Esta ave é facilmente reconhecida quando em vôo pelo tamanho e pela coloração do ventre, que é branco. Às vezes forma grandes bandos. Quando pousada no campo, fica extremamente bem camuflada no meio da vegetação.

Nacunda Nighthawk
Easily recognized in flight by its size and its white belly. It sometimes forms large flocks. When resting on the ground it is extremely well camouflaged in the vegetation.

Habitat	Alimentação / Food	Tamanho / Size
campos e cerrados	insetos	30 cm
open areas and savannas	insects	

Curiango – *Nyctidromus albicollis*
É a espécie de curiango mais comum em todo o Brasil. Costuma pousar no chão, sendo facilmente observada em estradas de terra. Quando voa, destaca-se a mancha branca nas asas e na cauda, exclusiva dos machos. Seu canto lembra o nome comum da espécie "cu-riangú", emitido a noite toda, principalmente na época reprodutiva.

Pauraque
The most common nightjar, throughout Brazil. It likes to perch on the ground and can easily be observed along dirt roads. In flight the male shows conspicuous white patches on the wings and tail. Its Brazilian name Curiango is reminiscent of its song "cu-riangú", which it gives the whole night through, especially in the breeding season.

Habitat	Alimentação / Food	Tamanho / Size
bordas de mata, campos e cerrados	insetos	30 cm
forest edge, open areas and savannas	insects	

Bacurau-pequeno – *Caprimulgus parvulus*
Este pequeno bacurau é muito comum no interior de São Paulo entre os meses de setembro a janeiro. Em áreas urbanas está restrito aos parques ou locais bem arborizados. Tem o hábito de pousar no alto de galhos sem folhas para cantar. Sua vocalização é bem característica: "drui - dro, dro, dro, dro...".

Little Nightjar
This small nightjar is very common in the interior of the state of São Paulo from September to January. In towns and cities it is restricted to parks or well wooded districts. It perches high on bare branches to give its very characteristic song: "drui - dro, dro, dro, dro...".

Habitat	Alimentação / Food	Tamanho / Size
cerrados e bordas de matas	insetos	20 cm
savannas and forest edge	insects	

Bacurau-tesoura – *Hydropsalis torquata*
O que mais chama a atenção na espécie é a longa cauda em forma de tesoura, presente apenas nos machos. A fêmea possui a cauda curta, também em formato de tesoura, que facilita sua identificação. Também tem o hábito de pousar em estradas de terra.

Scissor-tailed Nightjar
The most distinctive feature of this bird is its long scissor-shaped tail, present only in the male. The female has a short tail, also scissor-shaped, which makes identification easy. This species also perches on dirt roads.

Habitat	Alimentação / Food	Tamanho / Size
campos, capoeiras e bordas de matas	insetos	40 cm (machos/ male)
open areas, secondary growth and forest edge	insects	

Bacurau-tesoura-gigante – *Macropsalis forcipata* End.
Como na espécie anterior, o macho se destaca pela enorme cauda em forma de tesoura. Pousa em estradas no interior ou à beira das matas. Quando voa, sua cauda, devido ao comprimento, fica em posição vertical, dando um aspecto característico ao vôo da espécie.

Long-trained Nightjar End.
Like the previous species the male has an extremely long, scissor-shaped tail. It perches on roads in the forest interior or at the edge. In flight the long tail hangs down vertically, giving a characteristic silhouette.

Habitat	Alimentação / Food	Tamanho / Size
florestas	insetos	75 cm (macho/ male)
forests	insects	

Andorinhão-de-coleira – *Streptoprocne zonaris*
Forma grandes bandos, voando a grandes alturas ou dando vôos rasantes sobre a mata. Realiza pousos coletivos em paredões rochosos próximos a cachoeiras. É uma espécie migratória, sendo mais comum na cidade de São Paulo no segundo semestre do ano.

White-collared Swift
It flies in large flocks, either at high altitude or in low level dashes above the vegetation. It roosts collectively on rocky cliffs near waterfalls. A migratory species, it is most common in the city of São Paulo in the second half of the year.

Habitat	Alimentação / Food	Tamanho / Size
florestas, cerrados, campos e cidades	insetos	20 cm
forests, savannas, grasslands and towns	insects	

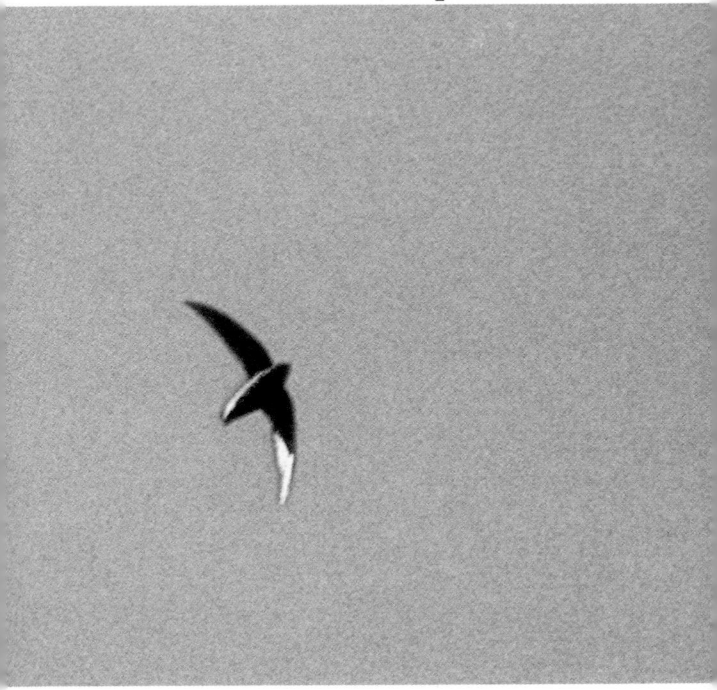

Andorinhão-do-temporal – *Chaetura meridionalis*
Vive em grandes bandos, sobrevoando diversos ambientes. Constrói o ninho com pequenos gravetos colados uns aos outros com saliva, tornando o ninho duro e resistente. Nidifica em paredões rochosos ou mesmo dentro de chaminés, onde também pode pernoitar.

Sick's Swift
Found in large flocks, flying over a diversity of habitats. It makes its nest of small twigs, sticking them together with saliva to form a strong, durable structure. It nests on rocky cliffs or even in chimneys where it also may spend the night.

Habitat	Alimentação / Food	Tamanho / Size
florestas, cerrados, campos e cidades	insetos	10 cm
forests, savannas, open areas and towns	insects	

Rabo-branco-de-garganta-rajada
Phaethornis eurynome End.
Um dos beija-flores mais comuns no sub-bosque das matas situadas nos arredores da cidade de São Paulo. No interior da mata, prefere locais mais úmidos, próximos a córregos. É raro nas áreas urbanas, ocorrendo, ocasionalmente, em parques bem arborizados.

Scale-throated Hermit End.
One of the most common hummingbirds of the understory of the forests around the city of São Paulo. In the forest interior it prefers damp places near streams. It is rare in built up areas, occasionally occurring in well wooded parks.

Habitat	Alimentação / Food	Tamanho / Size
interior e bordas de florestas	néctar e pequenos artrópodes	15 cm
forest interior and edge	nectar and small arthropods	

Rabo-branco-de-sobre-amarelo – *Phaethornis pretrei*
É muito parecida com a espécie anterior, distinguindo-se pela coloração ferrugínea das coberteiras superiores da cauda e pela garganta sem estrias. Prefere as matas mais secas do interior, sendo substituída pela espécie precedente nas matas úmidas da Serra do Mar.

Planalto Hermit
Very like the previous species, differing in the rusty color of the upper tail coverts and its unstreaked throat. It prefers the drier forests of the interior of the state and is replaced by Scale-throated Hermit in the humid forests of the coastal escarpment of the Serra do Mar.

Habitat	Alimentação / Food	Tamanho / Size
interior e bordas de florestas e jardins	néctar e pequenos artrópodes	15 cm
forest interior and edge, gardens	nectar and small arthropods	

Tesourão – *Eupetomena macroura*
É um dos beija-flores mais comuns na cidade de São Paulo. Voa até o alto de prédios para se alimentar em bebedouros colocados nas varandas. Muito agressivo, defende seu território próximo à fonte de alimento, não deixando que outros beija-flores se aproximem.

Swallow-tailed Hummingbird
One of the most common hummingbirds of the city of São Paulo. It flies up to feeding bottles hung high up on the verandas of apartment blocks. It is very aggressive and defends its territory around its food source, not allowing other hummingbirds to approach.

Habitat	Alimentação / Food	Tamanho / Size
jardins, capoeiras e cerrados	néctar e pequenos artrópodes	18 cm
gardens, secondary growth and savannas	nectar and small arthropods	

Beija-flor-preto-e-branco – *Melanotrochilus fuscus* End.
Espécie de fácil identificação devido ao contraste da coloração de sua plumagem. É comum observar esta espécie caçando pequenos insetos em vôo, permanecendo um bom tempo parada no ar. Na região de São Paulo aparece somente entre a primavera e o verão.

Black Jacobin End.
The contrasting black and white of its plumage make this an easily recognized species. It is often seen catching small insects in flight, hovering in the air for quite some time. In São Paulo it appears only in the spring and summer.

Habitat	Alimentação / Food	Tamanho / Size
bordas de florestas e jardins	néctar e pequenos artrópodes	10 cm
forest edge and gardens	nectar and small arthropods	

Beija-flor-de-orelha-violeta – *Colibri serrirostris*
Uma característica marcante dessa espécie é a mancha violeta na bochecha, que, dependendo do ângulo da incidência de luz, pode ser melhor observada. Vocaliza com freqüência pousado no alto de arbustos.

White-vented Violet-ear
The diagnostic field mark of this species is the violet patch on the side of the head which is more or less apparent, depending on the angle of the light. It often sings from a perch on the top of a bush.

Habitat	Alimentação / Food	Tamanho / Size
cerrados, restingas e jardins	néctar e pequenos artrópodes	12 cm
savannas, coastal white sand forest and gardens	nectar and small arthropods	

Besourinho-de-bico-vermelho *Chlorostilbon aureoventris*
É uma espécie muito comum no interior do Estado de São Paulo, evitando áreas extensamente florestadas. A fêmea apresenta uma linha branca atrás dos olhos e garganta e peito mais claros que o do macho.

Glittering-bellied Emerald
An extremely common species in the interior of the state of São Paulo, away from densely forested areas. The female has a white line behind the eye and a paler throat and breast than the male.

Habitat	Alimentação / Food	Tamanho / Size
bordas de florestas e jardins	néctar e pequenos artrópodes	8 cm
forest edge and gardens	nectar and small arthropods	

Tesoura-de-fronte-violeta – *Thalurania glaucopis* End.
Juntamente com o rabo-branco-de-garganta-rajada (*Phaethornis eurynome*), é a espécie mais comum nas matas ao redor da cidade de São Paulo. Habita desde o sub-bosque até o dossel da floresta. Tem o costume de banhar-se em pequenas poças ou córregos de água limpa.

Violet-capped Woodnymph End.
Along with Scale-throated Hermit this is one of the most common species in the forests around the city of São Paulo. It lives at all levels, from the understory to the canopy, and takes baths in small pools or streams of clear water.

Habitat	Alimentação / Food	Tamanho / Size
florestas e jardins	néctar e pequenos artrópodes	10 cm
forests and gardens	nectar and small arthropods	

Papo-branco – *Leucochloris albicollis* End.
Apesar de ocorrer desde o litoral até o alto das serras, é muito mais abundante em regiões montanhosas. Como é comum em muitos beija-flores, o papo-branco prolonga suas atividades até o crepúsculo.

White-throated Hummingbird End.
Although found from high altitudes down to sea level it is much more common in the mountains. Like many hummingbirds, it is active right into the dusk.

Habitat	Alimentação / Food	Tamanho / Size
bordas de florestas e jardins	néctar e pequenos artrópodes	10 cm
forest edge and gardens	nectar and small arthropods	

Beija-flor-de-banda-branca – *Amazilia versicolor*
Uma característica que facilita a identificação deste beija-flor é a faixa branca existente na parte inferior do corpo, desde a garganta até o ventre. É uma espécie pouco comum na cidade, preferindo áreas mais arborizadas ou florestas.

Versicolored Emerald
A helpful feature for identifying this hummingbird is the white area on the underside, from the throat to the belly. It is an uncommon species in the city, preferring more wooded areas and forests.

Habitat	Alimentação / Food	Tamanho / Size
bordas e interior de matas e jardins	néctar e pequenos artrópodes	8 cm
forest interior and edge and gardens	nectar and small arthropods	

Beija-flor-de-peito-azul – *Amazilia lactea*
Juntamente com o tesourão (*Eupetomena macroura*), é a espécie de beija-flor mais comum na cidade de São Paulo. Pode ser observado com facilidade em qualquer jardim, além de ser um visitante freqüente de bebedouros.

Sapphire-spangled Emerald
Together with Swallow-tailed Hummingbird this is the most common hummingbird in the city of São Paulo. In can easily be seen in any garden and is a frequent visitor at feeders.

Habitat	Alimentação / Food	Tamanho / Size
bordas de mata e jardins	néctar e pequenos artrópodes	9 cm
forest edge and gardens	nectar and small arthropods	

Surucuá-de-barriga-amarela – *Trogon rufus*

Vive em casais ou solitário, ocupando o estrato médio da mata fechada. É uma ave mansa, que permite a aproximação do homem. Pode ser facilmente atraída pela imitação de seu canto, formado por cerca de 5 assobios repetidos em seqüência lenta ("ú, ú, ú, ú, ú"). Nidifica em cavidades naturais em troncos ou cupinzeiros arborícolas.

Black-throated Trogon

It lives in pairs or alone in the middle growth of the forest interior. A tame bird, which allows the observer to get close. It can easily be attracted by imitating its song which consists of a slow series of about five whistles ("ú, ú, ú, ú, ú"). It nests in natural holes in tree trunks or arboreal termite nests.

Habitat	Alimentação / Food	Tamanho / Size
florestas	frutos e artrópodes	25 cm
forests	fruit and arthropods	

Surucuá-grande-de-barriga-amarela – *Trogon viridis*
Vive no estrato médio da floresta, permanecendo imóvel num galho por muito tempo. Em algumas localidades na Serra do Mar as três espécies de surucuás (*T. viridis, T. rufus* e *T. surrucura*) podem ocorrer juntas. No entanto, esta espécie é muito mais comum nas matas de baixada, ao contrário do que ocorre com o surucuá-de-peito-azul (*Trogon surrucura*).

White-tailed Trogon
This species inhabits the middle story of the forest, remaining immobile on a branch for a considerable time. In some areas of the Serra do Mar the three species of trogon (White-tailed, Black-tailed and Surucua) occur together. However this species is much the most common in lowland forests, in contrast with Surucua Trogon.

Habitat	Alimentação / Food	Tamanho / Size
florestas	frutos e artrópodes	30 cm
forests	fruit and arthropods	

Surucuá-de-peito-azul – *Trogon surrucura* End.
Possui comportamento semelhante ao surucuá-grande-de-barriga-amarela (*Trogon viridis*); no entanto, parece ser menos exigente em relação à qualidade do hábitat, podendo ser encontrado em áreas de cerradão, matas ciliares e mesmo capoeiras. É mais comum em áreas montanhosas. Sua vocalização consiste de uma seqüência de assobios ("kou, kou kou, kou, kou, kou...").

Surucua Trogon End.
Its behavior is similar to that of White-tailed Trogon but it appears to be less choosy as to the quality of its habitat and can be found in areas of wooded savanna, gallery woodland and even secondary growth. It is common in montane regions. Its song is a series of whistles. ("kou, kou, kou, kou, kou...").

Habitat	Alimentação / Food	Tamanho / Size
florestas e cerradões	frutos e artrópodes	25 cm
forests and woodland in savanna	fruit and arthropods	

Martim-pescador-grande – *Ceryle torquatus*

A fêmea possui uma larga faixa cinza no peito e barriga castanha. É de fácil identificação devido ao grande tamanho. Pousa no alto de árvores próximas a extensões de água, de onde localiza sua presa, mergulhando em seguida, mas nem sempre tendo sucesso na investida. Nidifica em barrancos próximos à água.

Ringed Kingfisher

The female has a broad gray breast band and chestnut belly. This species is noticeably larger than the other kingfishers. It perches high in trees near open water from where it spots its prey and then dives not always successfully. It nests in banks near water.

Habitat	Alimentação / Food	Tamanho / Size
rios, lagos e mangues	peixes	40 cm
rivers, lakes and mangroves	fish	

Martim-pescador-verde – *Chloroceryle amazona*
O padrão de coloração dessa espécie é muito semelhante ao apresentado pelo martim-pescador-pequeno (*Chloroceryle americana*). No entanto, pode ser rapidamente diferenciado pelo tamanho. O macho possui o peito ferrugíneo. Vive solitário ou em casais, sendo mais comum próximo a grandes rios e lagos.

Amazon Kingfisher
Its plumage is very similar to that of Green Kingfisher, but it is readily distinguished by its larger size. The male has a rufous breast. It lives alone or in pairs and is common near large rivers and lakes.

Habitat	Alimentação / Food	Tamanho / Size
rios, lagos e manguezais	peixes	30 cm
rivers, lakes and mangroves	fish	

Martim-pescador-pequeno – *Chloroceryle americana*
A fêmea possui o peito manchado de verde. É comum observar a espécie voando rente à água, geralmente em rios ou lagos menores e mais rasos, com vegetação nas margens. Nidifica em barrancos.

Green Kingfisher
The female has green patches on the side of the breast. The species is often seen flying low over the water, usually in smaller and shallower rivers and lakes, bordered by vegetation. It nests in banks.

Habitat	Alimentação / Food	Tamanho / Size
rios, lagos e mangues	peixes	20 cm
rivers, lakes and mangroves	fish	

João-barbudo – *Malacoptila striata*
Esta espécie é pouco arisca, permanecendo imóvel no sub-bosque da mata, permitindo uma boa aproximação do observador. Devido a sua coloração críptica, passa muitas vezes despercebida, sendo mais fácil detectar a presença da espécie por meio de sua vocalização, que consiste de um fino assobio. Nidifica em galerias escavadas em barrancos ou no solo.

Crescent-chested Puffbird
This species is tame and perches for long periods in the understory, allowing the observer to get close. Because of its cryptic plumage it is often unnoticed and is more easily located it by its call, a quiet series of whistles. It nests in holes dug in banks or in the ground.

Habitat	Alimentação / Food	Tamanho / Size
florestas	artrópodes	20 cm
forests	arthropods	

Araçari-banana – *Baillonius bailloni* End.
Este pequeno tucano pode ser encontrado desde no alto das montanhas até nas matas de baixada, ao nível do mar. Vive em bandos de 4 a 5 indivíduos em áreas extensamente florestadas, desaparecendo em paisagens muito fragmentadas. Nos arredores da cidade de São Paulo ainda é relativamente comum na Serra da Cantareira.

Saffron Toucanet End.
This small toucan is found from montane to lowland forests at sea level. In lives in groups of four to five birds in dense forest and disappears when the habitat becomes fragmented. Around the city of São Paulo it is fairly common in the Serra da Cantareira.

Habitat	Alimentação / Food	Tamanho / Size
florestas	frutos, artrópodes e pequenos vertebrados	35 cm
forests	fruit, arthropods and small vertebrates	

Tucano-de-bico-preto – *Ramphastos vitellinus*
Espécie de ampla distribuição, divide-se em quatro subespécies diferentes. A que ocorre no sudeste (*R. vitellinus ariel*) é mais característica das matas de baixada, porém também pode ser encontrada em regiões montanhosas. Aprecia muito os frutos do palmito (*Euterpe edulis*). Nidifica em ocos de árvores.

Channel-billed Toucan
A species with a wide range, with three distinct subspecies. The one that occurs in the southeast (*R. vitellinus ariel*) is typical of lowland forests but is sometimes found in the mountains. It particularly likes heart-of-palm (*Euterpe edulis*). It nests in hollow trees.

Habitat	Alimentação / Food	Tamanho / Size
florestas	frutos, artrópodes e pequenos vertebrados	45 cm
forests	fruit, arthropods and small vertebrates	

Tucano-de-bico-verde – *Ramphastos dicolorus* End.
É o tucano mais comum nas áreas serranas do sudeste. Os intensos desmatamentos diminuíram muito a área de ocorrência da espécie; no entanto, ainda é comum ao longo da Serra do Mar e da Serra da Mantiqueira. Utiliza como local de nidificação cavidades em árvores. Vive geralmente aos pares, podendo formar grandes bandos com 20 ou mais indivíduos, às vezes junto com o tucano-de-bico-preto (*Ramphastos vitellinus*).

Red-breasted Toucan End
This is the most common toucan in the uplands of the southeast. Heavy deforestation has much reduced its range but it is still common in the Serra do Mar and Serra da Mantiqueira. It nests in holes in trees. It usually lives in pairs but may form large flocks of 20 or more birds, sometimes with Channel-billed Toucan.

Habitat	Alimentação / Food	Tamanho / Size
florestas	frutos, artrópodes e pequenos vertebrados	50 cm
forests	fruit, arthropods and small vertebrates	

Pica-pau-anão-barrado – *Picumnus cirratus*
A fêmea não possui o vermelho no alto da cabeça. Vive no sub-bosque e no estrato médio da mata, aos pares ou solitário. Também pode ser encontrado dentro de cidades. Sua vocalização consiste de uma seqüência fina e descendente "trzirrrrr".

White-barred Piculet
The female has no red on the crown. This piculet lives in the lower and middle levels of the forest, in pairs or singly. It is also found inside the city. Its song is a thin, descending "trzirrrrr".

Habitat	Alimentação / Food	Tamanho / Size
florestas, capoeiras e jardins	artrópodes	10 cm
forests, secondary growth and gardens	arthropods	

Pica-pau-anão – *Picumnus temminckii*
É muito parecida com a espécie anterior, porém a nuca e o lado da cabeça são cor-de-canela. O comportamento também é muito semelhante ao de *Picumnus cirratus*, sendo que as duas espécies se encontram em São Paulo. Mais ao sul ocorre apenas *Picumnus temminckii.*

Ochre-collared Piculet
Very like the previous species except that the sides of the head and nape are ochraceous. Its behaviour is also very like that of White-barred Piculet. Both species occur in São Paulo but further south only Ochre-collared Piculet is found.

Habitat	Alimentação / Food	Tamanho / Size
florestas, capoeiras e jardins	artrópodes	10 cm
forests, secondary growth and gardens	arthropods	

Pica-pau-do-campo – *Colaptes campestris*
Como é característico de muitos pica-paus, o macho desta espécie apresenta a região malar vermelha. Vive em pequenos bandos, pousando com freqüência no solo. Nidifica em cavidades em árvores, barrancos ou cupinzeiros.

Campo Flicker
The malar region of the male is red, as with many woodpeckers. It lives in small groups and often drops to the ground. It nests in holes in trees, banks or termite mounds.

Habitat	Alimentação / Food	Tamanho / Size
paisagens abertas, como campos e cerrados	artrópodes	30 cm
open areas, like grasslands and savannas	arthropods	

Pica-pau-verde-barrado – *Colaptes melanochloros*
Este pica-pau é típico de paisagens abertas, podendo eventualmente penetrar no interior de matas secas e capoeiras. Com o aumento dos desmatamentos, tem colonizado novas áreas, como a Serra do Mar, em São Paulo.

Green-barred Woodpecker
This woodpecker is typical of open areas but sometimes enters the interior of dry forest or secondary growth. With increased deforestation it has colonized new regions in São Paulo, like the Serra do Mar.

Habitat	Alimentação / Food	Tamanho / Size
cerrados e bordas de mata	artrópodes	25 cm
savannas and forest edge	arthropods	

Pica-pau-dourado – *Piculus aurulentus* End.
É uma espécie característica do alto das serras, não ocorrendo nas matas de baixada no litoral, onde é substituída pela espécie *Piculus flavigula.* Pode ser encontrado não só em matas contínuas, mas também em paisagens fragmentadas. Seu canto é bem característico e é constituído por gritos "í, í, í, í".

Yellow-browed Woodpecker End.
A characteristic montane species which does not occur in the coastal lowlands where it is replaced by Yellow-throated Woodpecker. It is found not only in continuous forest but also in fragments. Its song is distinctive, a series of "í, í, í, í" cries.

Habitat	Alimentação / Food	Tamanho / Size
florestas	artrópodes	20 cm
forests	arthropods	

Pica-pau-de-cabeça-amarela – *Celeus flavescens*
A fêmea não apresenta o vermelho na região malar. Nas cidades, este pica-pau é encontrado apenas em parques e áreas bem arborizadas. Tem hábitos solitários, mas quando os filhotes saem do ninho continuam junto dos pais por alguns dias, formando pequenos grupos familiares.

Blond-crested Woodpecker
The female has no red in the malar region. In towns this woodpecker is found only in parks and well wooded districts. It is a bird of solitary habits but when the young fledge they accompany the parents for several days, forming small family groups.

Habitat	Alimentação / Food	Tamanho / Size
florestas e pomares	artrópodes e frutos	25 cm
forests and orchards	arthropods and fruit	

Pica-pau-de-banda-branca – *Dryocopus lineatus*
A fêmea possui a fronte preta. Vive solitário ou em casais, utilizando cavidades existentes em troncos para nidificação. A abertura de entrada do ninho corresponde exatamente ao tamanho da ave, impedindo a entrada de predadores maiores.

Lineated Woodpecker
The female has a black forecrown. It lives singly or in pairs, using holes in trees to make its nest. The size of the nest entrance is exactly that of the bird, preventing predators from entering.

Habitat	Alimentação / Food	Tamanho / Size
interior e bordas de florestas e cerrados	artrópodes	35 cm
forest edge and interior and savannas	arthropods	

Pica-pau-branco – *Melanerpes candidus*
Fácil de ser identificado pela coloração predominante branca. Vive em bandos, pousando com freqüência em árvores mortas. O bando pode realizar vôos longos e altos, emitindo seu grito característico "trrr, trrr, trrr", que lembra um periquito.

White Woodpecker
Easily identified by its predominantly white plumage. It lives in groups and usually perches on dead trees. The birds sometimes make long, high flights, giving a characteristic "trrr, trrr, trrr" call which sounds rather like a parakeet.

Habitat	Alimentação / Food	Tamanho / Size
cerrados e campos	artrópodes e frutos	30 cm
savannas and open areas	arthropods and fruit	

Picapauzinho-verde-carijó – *Veniliornis spilogaster*
Ao contrário da fêmea, o macho possui vértice e nuca avermelhados. Vive no estrato médio da floresta, mas também ocorre fora de matas, em locais bem arborizados. Assim como outros pica-paus, nidifica em cavidades situadas nos troncos das árvores.

White-spotted Woodpecker
The female does not have the red crown and nape of the male. This woodpecker lives in the forest midstory and also in well wooded areas outside the forest. Like other woodpeckers, it nests in holes in the trunks of trees.

Habitat	Alimentação / Food	Tamanho / Size
interior e bordas de florestas	artrópodes	15 cm
forest interior and edge	arthropods	

Tapaculo-preto – *Scytalopus speluncae* End.

A fêmea é toda parda com os flancos estriados. Este pequeno pássaro vive no alto das montanhas, escondido no meio da ramaria no solo da floresta. Devido a este comportamento e seu tamanho reduzido, é de difícil observação, sendo mais comumente localizado numa área por meio de sua vocalização, uma seqüência longa "tchi, tchi, tchi, tchi...".

Mouse-colored Tapaculo End.

The female is uniform gray with streaked flanks. This little bird lives in montane regions, hidden in tangled vegetation on the forest floor. Because of this behavior and its small size it is difficult to see and is usually found by its song, a long sequence of "tchi, tchi, tchi, tchi..." notes.

Habitat	Alimentação / Food	Tamanho / Size
florestas	artrópodes	10 cm
forests	arthropods	

Macuquinho – *Scytalopus indigoticus* End.
Como o tapaculo-preto (*Scytalopus speluncae*), vive escondido na densa vegetação, pulando no solo ou a pouca altura. Habita desde as restingas no litoral até o alto das montanhas, sendo mais comumente encontrado do que o tapaculo-preto.

White-breasted Tapaculo End.
Like Mouse-colored Tapaculo it lives hidden in dense vegetation, hopping along the ground or just above it. It is found from the coastal white sand forests to montane woodland, and is more frequently encountered than Mouse-colored Tapaculo.

Habitat	Alimentação / Food	Tamanho / Size
interior e bordas de florestas	artrópodes	11 cm
forest interior and edge	arthropods	

Matracão – *Batara cinerea*
Fêmea marrom, com o dorso e cauda listrados de preto. Vive no estrato médio e sub-bosque de matas fechadas ou capoeiras, ricas em taquaras (*Guadua sp.* ou *Merostachis sp.*). Seu canto forte, que consiste de uma seqüência prolongada ("rrrrr-kjö kjö ... dkjok"), ecoa pela mata, podendo ser ouvido a grandes distâncias.

Giant Antshrike
The female is brown with back and tail barred black. It lives in the middle and lower growth of dense primary and secondary forest with abundant bamboo (*Guadua sp.* or *Merostachis sp.*). Its loud song, a long sequence ("rrrrr-kjö kjö ... dkjok"), rings through the forest and can be heard over a long distance.

Habitat	Alimentação / Food	Tamanho / Size
florestas	artrópodes e pequenos vertebrados	34 cm
forests	arthropods and small vertebrates	

Chocão-carijó – *Hypoedaleus guttatus* End.
A fêmea tem o peito amarelado com manchas pretas. Apesar do tamanho e do padrão de coloração, é uma espécie discreta, de hábitos solitários. Fica pousada no estrato médio ou logo abaixo do dossel da floresta. Seu canto consiste de longos assobios descendentes "prrrrr...".

Spot-backed Antshrike End.
The breast of the female is yellowish, flecked black. In spite of its size and striking plumage, it is a shy bird of solitary habits. It sits perched in midstory or just below the canopy and its song is a long, rising and falling, tremolo whistle.

Habitat	Alimentação / Food	Tamanho / Size
florestas	artrópodes	20 cm
forests	arthropods	

Borralha-assobiadora – *Mackenziaena leachii* End.

Na fêmea, as manchas na plumagem negra são amareladas. Vive a pouca altura entre a densa vegetação, preferindo matas secundárias ricas em taquaras. É rapidamente atraída pela imitação de sua vocalização, constituída de uma seqüência de 8 a 9 assobios.

Large-tailed Antshrike End.

The spots on the plumage of the female are yellowish instead of white. It lives at low level in dense vegetation and prefers secondary growth with plenty of bamboo. It is attracted readily by an imitation of its song, a rising and falling series of 8 or 9 whistles.

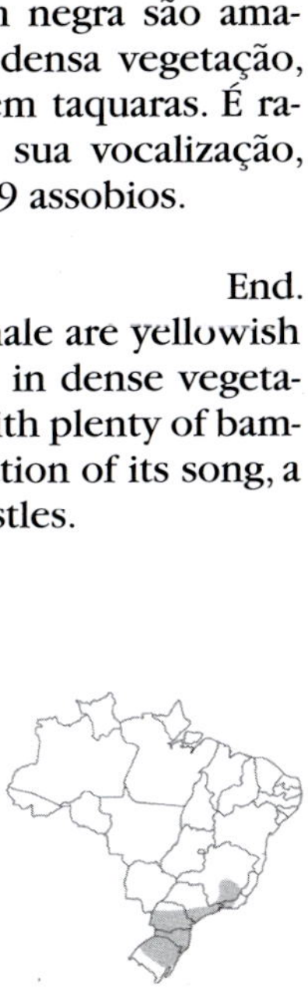

Habitat	Alimentação / Food	Tamanho / Size
florestas e capoeiras	artrópodes	26 cm
forests and secondary growth	arthropods	

Choca-da-mata – *Thamnophilus caerulescens*
É uma espécie extremamente comum em áreas de matas secundárias e suas bordas, sendo muito rara ou mesmo ausente no interior de florestas primárias. A espécie tem o hábito de mover lentamente a cauda para cima e para baixo, enquanto vocaliza ("u-nhé, nhé, nhé, nhé, nhé...").

Variable Antshrike
An extremely common species inside and at the edge of secondary growth but very uncommon or even absent from the interior of primary forest. It moves its tail slowly up and down as it calls ("u-nhé, nhé, nhé, nhé, nhé...").

Habitat	Alimentação / Food	Tamanho / Size
bordas de mata e capoeiras	artrópodes	15 cm
forest edge and secondary growth	arthropods	

Choca-de-chapéu-vermelho – *Thamnophilus ruficapillus*
A fêmea tem coloração parda uniforme, sem manchas no peito. Ocorre desde ao nível do mar até no alto das montanhas em áreas de brenhas, com vegetação bastante densa e baixa. Aparece dentro da cidade de São Paulo em alguns parques ou em bairros menos habitados.

Rufous-capped Antshrike
The female plumage is a uniform brown with no barring on the underparts. It occurs from sea level to montane regions in thickets with dense, low vegetation. In São Paulo it may be found in some parks or in less densely inhabited districts.

Habitat	Alimentação / Food	Tamanho / Size
capoeiras baixas	artrópodes	16 cm
low secondary growth	arthropods	

Choquinha-lisa – *Dysithamnus mentalis*
Uma das espécies mais comuns nas florestas e capoeiras ao redor da cidade de São Paulo, podendo ser encontrada mesmo em pequenos fragmentos florestais. A fêmea possui o "boné" ferrugíneo. Vive sempre em casais, no sub-bosque da mata.

Plain Antvireo
One of the most common species in the forests and secondary growth around the city of São Paulo, being found even in small forest fragments. The female has a rufous cap. It lives in pairs in the lower and middle levels of the forest.

Habitat	Alimentação / Food	Tamanho / Size
florestas e capoeiras	artrópodes	11 cm
forests and secondary growth	arthropods	

Choquinha-de-garganta-pintada
Myrmotherula gularis End.
Vive escondida na ramaria, sempre aos pares, próximo ao chão da mata, preferencialmente ao lado de pequenas corredeiras. Devido a este comportamento e seu pequeno tamanho, é um pássaro difícil de ser visto, porém a forte vocalização de advertência ("tch, tch, tch...") denuncia sua presença.

Star-throated Antwren End.
It lives in the low vegetation near the forest floor, always in pairs. This behavior and its small size makes it hard to see but its loud alarm call ("tch, tch, tch...") betrays its presence.

Habitat	Alimentação / Food	Tamanho / Size
florestas	artrópodes	9.5 cm
forests, near streams	arthropods	

Chorozinho-de-asa-vermelha
Herpsilochmus rufimarginatus
Esta espécie é comum nas florestas situadas desde nas restingas do litoral até no alto das serras, podendo ser encontrada também em fragmentos florestais. Vive no dossel da floresta, mas pode ser encontrada a pouca altura quando nas bordas de matas ou em clareiras.

Rufous-winged Antwren
This species is common from coastal white sand forests to montane forests and is also found in woodland fragments. In lives in the canopy but may be found at any level at the forest edge or in clearings.

Habitat	Alimentação / Food	Tamanho / Size
florestas	artrópodes	10 cm
forests	arthropods	

Trovoada – *Drymophila ferruginea* End.
Esta espécie é mais abundante no alto das serras, mas também pode ser encontrada nas matas de baixada. Vive em casais no sub-bosque de florestas ricas em taquaras. Sua vocalização é bem característica e consiste de um pio dissilábico "ti-tuít".

Ferruginous Antbird End.
This species is more abundant in montane regions but is also found in lowland forests. It lives in pairs in the understory where there is plenty of bamboo. Its song is most distinctive, a two syllable "ti-tuít".

Habitat	Alimentação / Food	Tamanho / Size
florestas	artrópodes	14 cm
forests	arthropods	

Choquinha-de-dorso-vermelho
Drymophila ochropyga End.
Vive no sub-bosque das matas, sendo mais abundante no alto das serras. Como a trovoada (*Drymophila ferruginea*), prefere as matas ricas em taquaras, onde procura alimento em aglomerados de folhas secas.

Ochre-rumped Antbird End.
This species lives in the understory, being more abundant in montane forests. Like Ferruginous Antbird it prefers forest with much bamboo where it forages in clusters of dry leaves.

Habitat	Alimentação / Food	Tamanho / Size
florestas	artrópodes	13 cm
forests	arthropods	

Choquinha-carijó – *Drymophila malura* End.

A fêmea é parda, com o mesmo padrão de estrias do macho. Este padrão de plumagem estriado é o que mais chama a atenção quando a ave é observada. Vive em casais, escondida no meio da vegetação densa, a pouca altura do solo.

Dusky-tailed Antbird End.

The female has the same streaked pattern as the male but is browner. This streaking is the most conspicuous field mark of the species. It lives in pairs, hidden in dense vegetation, at low levels.

Habitat	Alimentação / Food	Tamanho / Size
bordas de florestas e capoeiras	artrópodes	14 cm
forest edge and secondary growth	arthropods	

Papa-toaca-do-sul – *Pyriglena leucoptera* End.
Esta espécie é uma freqüente seguidora de formigas de correição, sendo que sua presença numa determinada área é o melhor indício da presença destas formigas. Sua voz consiste de uma seqüência de assobios descendentes de cerca de 8 notas.

White-shouldered Fire-eye End.
This species frequently follows antswarms and its presence in a particular area is a good sign of the presence of ants. Its song is a series of about eight descending whistles.

Habitat	Alimentação / Food	Tamanho / Size
florestas	artrópodes	18 cm
forests	arthropods	

Papa-formiga-da-grota – *Myrmeciza squamosa* End.
A fêmea não possui coloração preta na garganta e no peito. Vive em casais geralmente andando no solo da floresta ou pulando entre os galhos a pouca altura. Emite forte grito de alarme à aproximação de um observador. Pode ser encontrada tanto em matas preservadas como em fragmentos florestais.

Squamate Antbird End.
The female has no black on the throat and breast. This species lives in pairs, moving along the forest floor or hopping between low branches. It gives a loud alarm call when approached. It may be found in primary forest as well as in forest fragments.

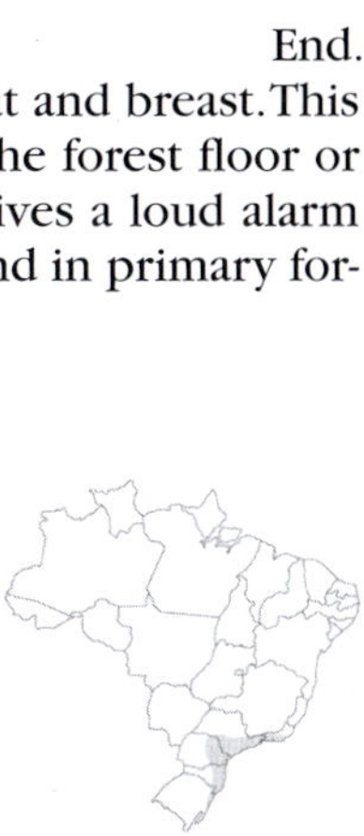

Habitat	Alimentação / Food	Tamanho / Size
florestas	artrópodes	14 cm
forests	arthropods	

Tovaca-campainha – *Chamaeza campanisona*
Esta espécie é muito difícil de ser vista, sendo que sua presença em uma área pode ser facilmente constatada por meio de sua vocalização, que consiste de uma seqüência longa de assobios "tu, tu, tu, tu, tu, tu...", terminando num coaxo "co, co, co, co". Anda solitária no solo da floresta, preferindo áreas bem preservadas.

Short-tailed Antthrush
A species that is particularly difficult to see but its presence in an area is easily known by its call, a long series of short notes followed by a few short, lower pitched "co, co, co, co" notes. It walks about the forest floor alone and prefers well preserved forests.

Habitat	Alimentação / Food	Tamanho / Size
florestas	artrópodes	20 cm
forests	arthropods	

Tovaca-cantador – *Chamaeza meruloides* End.
Esta espécie é muito semelhante à anterior, sendo que muitas vezes as duas ocorrem numa mesma área. Sua vocalização lembra muito a da tovaca-capainha (*Chamaeza campanisona*), no entanto, a seqüência de assobios é crescente, terminando abruptamente sem o "coaxar" no final.

Such's Antthrush End.
This species looks very like Short-tailed Antthrush and the two often occur in the same area. Its song is similar to Short-tailed's but rises steadily in pitch and ends abruptly without the final, lower "co, co, co, co".

Habitat	Alimentação / Food	Tamanho / Size
florestas	artrópodes	19 cm
forests	arthropods	

Tovacuçu - *Grallaria varia*

Assim como as duas espécies anteriores, vive no solo da floresta úmida e sombria. Muito difícil de ser vista, pode ser rapidamente identificada por meio de sua vocalização, uma seqüência monótona "bu, bu, bu, bu, bu, bu, bu", repetida logo no início do dia e ao anoitecer. Constrói o ninho no alto de tocos ou em forquilhas baixas, sendo que os ovos são azul-esverdeados.

Variegated Antpitta

Like the two previous species it lives alone on the damp, dark forest floor. Very difficult to see but easily identified by its song, a serious of hollow "bu, bu, bu, bu, bu, bu, bu" notes, given in the early morning and at evening. It makes its nest on tree stumps or low forks and its eggs are greenish blue.

Habitat	Alimentação / Food	Tamanho / Size
florestas	artrópodes	20 cm
forests	arthropods	

Chupa-dente – *Conopophaga lineata* End.
É uma espécie muito comum no sub-bosque da mata, sendo mais abundante em capoeiras e matas secundárias do que em matas bem preservadas. Sua presença é facilmente notada pelo seu chamado característico "tchic".

Rufous Gnateater End.
A very common species of the understory, found more in secondary growth and disturbed rather than primary forest. Its presence is easily known by its characteristic "tchic" call.

Habitat	Alimentação / Food	Tamanho / Size
florestas e capoeiras	artrópodes	11 cm
forests and secondary growth	arthropods	

João-de-barro – *Furnarius rufus*
Ave popular e muito conhecida pelo ninho em formato de forno, feito de barro. Desce com freqüência ao solo para procurar alimento. Quando empoleirada num galho próximo ao ninho, canta em dueto, demarcando território.

Rufous Hornero
A popular bird, well known for its nest made of mud in the shape of an oven. It frequently drops to the ground to look for food or mud for its nest. The pair sing in duet from a branch near their nest, marking their territory.

Habitat	Alimentação / Food	Tamanho / Size
jardins, campos e parques	artrópodes e outros pequenos animais	20 cm
gardens, fields and parks	arthropods and other small animals	

João-teneném – *Synallaxis spixi*
Esta espécie fica escondida no meio da ramaria fechada, sendo de difícil observação. Sua voz é bastante característica "bentereré", sendo este o nome comum da espécie em algumas regiões. Habita desde o litoral até os campos de altitude.

Chicli Spinetail
A bird that skulks in thick tangles and is difficult to see. In some regions the transliteration of its characteristic song "bentereré" becomes the species' popular name. It is found from the coast to montane grasslands.

Habitat	Alimentação / Food	Tamanho / Size
bordas de matas, capoeiras baixas e campos	artrópodes	15 cm
forest edge, low secondary growth and grasslands	arthropods	

Pichororé – *Synallaxis ruficapilla* End.

Parecida com o joão-teneném (*Synallaxis spixi*), não possui, porém, a mancha negra na garganta. Vive em casais no sub-bosque da mata, sendo abundante em áreas de vegetação secundária.

Rufous-capped Spinetail End.

Similar to Chicli Spinetail but without the black patch on the throat. It lives in pairs in the understory and is abundant in areas of secondary vegetation.

Habitat	Alimentação / Food	Tamanho / Size
florestas e capoeiras	artrópodes	15 cm
forests and secondary growth	arthropods	

Curutié – *Certhiaxis cinnamomeus*
É uma espécie característica de ambientes aquáticos, vivendo sempre perto da água. A mancha amarela no mento é difícil de ser vista. Vive em casais, a pouca altura do solo, movimentando-se com freqüência no meio da vegetação.

Yellow-chinned Spinetail
A characteristic waterside species, always found close to water. The yellow chin is difficult to see in the field. It lives in pairs, low down, and moves actively about the vegetation.

Habitat	Alimentação / Food	Tamanho / Size
margem de lagos e brejos	artrópodes	15 cm
edges of lakes and marshes	arthropods	

Arredio-pálido – *Cranioleuca pallida* End.

Vive na copa das árvores, sempre em casais, às vezes associado a bandos mistos de aves. É mais comum em matas secundárias e em áreas montanhosas. Realiza manobras de forrageio bastante acrobáticas, ficando freqüentemente de ponta-cabeça.

Pallid Spinetail End.

A canopy species, always found in pairs, sometimes with mixed flocks of other species. It is more common in secondary growth and montane areas. It makes acrobatic movements as it forages, often hanging upside-down.

Habitat	Alimentação / Food	Tamanho / Size
florestas, capoeiras e jardins	artrópodes	15 cm
forests, secondary growth and gardens	arthropods	

Trepador-de-coleira – *Anabazenops fuscus* End.

O que mais chama a atenção na espécie é o colar branco na nuca, que facilita a identificação. Vive em matas ricas em taquarais, sendo mais abundante em regiões montanhosas. Procura alimento em folhas e caules de bambus, virando-se de cabeça para baixo.

White-collared Foliage-gleaner End.

The white collar is conspicuous and is a diagnostic field mark. It lives in forests with much bamboo and is more abundant in montane areas. It forages in the leaves and stems of the bamboo, hanging upside-down.

Bamboo Trail 13/3/2006.

Habitat	Alimentação / Food	Tamanho / Size
florestas	artrópodes	20 cm
forests	arthropods	

Trepador-quiete – *Syndactyla rufosuperciliata*
Vive nos emaranhados de galhos e cipós, a pouca altura, no interior da mata e capoeiras. Possui a mandíbula levemente virada para cima e supercílio branco sujo, características que ajudam a diferenciar essa espécie do limpa-folha-miúdo (*Anabacerthia amaurotis*).

Buff-browed Foliage-gleaner
This bird lives at low levels in tangled vines and branches, in the forest interior and in secondary growth. Its lower mandible is slightly upcurved and it has a buffy superciliary, features which separate it from White-browed Foliage-gleaner.

Habitat	Alimentação / Food	Tamanho / Size
florestas e capoeiras	artrópodes	20 cm
forests and secondary growth	arthropods	

Limpa-folha-miúdo – *Anabacerthia amaurotis* End.
Vive em casais no sub-bosque das matas, sendo rara em florestas muito alteradas. Segue bandos mistos de aves. Sua voz é constituída de finíssimos e agudos "tzip...". Ao contrário do trepador-quiete (*Syndactyla rufosuperciliata*), possui faixa superciliar de cor branco puro.

White-browed Foliage-gleaner End.
It lives in pairs in the forest understory and is rare in disturbed forest. It follows mixed flocks of other species. Its call is a thin, high pitched "tzip...". In contrast to Buff-browed Foliage-gleaner its superciliary is pure white.

Habitat	Alimentação / Food	Tamanho / Size
florestas	artrópodes	15 cm
forests	arthropods	

Limpa-folha-coroado – *Philydor atricapillus* End.
Vive no sub-bosque da mata, freqüentemente associado a bandos mistos. Procura seu alimento entre aglomerados de folhas mortas, que ficam presas na vegetação. É uma espécie sensível a distúrbios ambientais, desaparecendo em áreas fragmentadas.

Black-capped Foliage-gleaner End.
Found in the forest understory, frequently with mixed flocks. It forages in clusters of dry leaves hanging in the vegetation. It is sensitive to disturbance of its habitat and disappears from fragmented woodland.

Habitat	Alimentação / Food	Tamanho / Size
florestas	artrópodes	17 cm
forests	arthropods	

Limpa-folha-testa-baia – *Philydor rufum*
Ao contrário da espécie anterior, é mais comum no estrato médio e no dossel da floresta, onde procura alimento entre a vegetação, dependurando-se sob as folhas e galhos. Sua distribuição vai desde as matas de baixa encosta até as matas no alto das montanhas, no entanto, é mais comum nestas últimas.

Buff-fronted Foliage-gleaner
In contrast to the previous species, this bird is usually found in the middle and upper levels of the forest where it forages in the foliage, hanging from leaves and branches. It ranges from the foothills to montane forest and is more common in the latter.

Habitat	Alimentação / Food	Tamanho / Size
florestas	artrópodes	20 cm
forests	arthropods	

Barranqueiro-de-olho-branco
Automolus leucophthalmus End.

Juntamente com o tiê-da-mata (*Habia rubica*) e o limpa-folha (*Philydor atricapillus*), é uma das espécies mais freqüentes nos bandos mistos de sub-bosque. Quando assustado, devido à presença de um predador ou mesmo de uma pessoa, emite fortes gritos de alarme. Constrói o ninho em barrancos, geralmente à beira de estradas que cortam a mata.

White-eyed Foliage-gleaner End.

Together with Red-crowned Ant-Tanager and Black-capped Foliage-gleaner this is one of the most common species in understory mixed flocks. When alarmed by the presence of a predator or a human being it gives loud calls. It builds its nest in banks, often beside roads which cut through the forest.

Habitat	Alimentação / Food	Tamanho / Size
florestas	artrópodes	20 cm
forests	arthropods	

Trepador-sobrancelha - *Cichlocolaptes leucophrus* End.
Vive no alto das árvores de matas bem preservadas. Procura alimento em bromélias, estando sempre associado a estas epífitas. Sua voz consiste de uma seqüência forte de chamados "schrip".

Pale-browed Treehunter End.
Found in the higher levels of well preserved forest. It forages in bromeliads and is always associated with these epiphytes. Its call is a series of loud "schrip" notes.

2/3/06

Habitat	Alimentação / Food	Tamanho / Size
florestas	artrópodes	20 cm
forests	arthropods	

Trepadorzinho – *Heliobletus contaminatus* End.
Esta espécie pode ser confundida com o bico-virado-carijó (*Xenops rutilans*). No entanto, não apresenta a mandíbula virada para cima. Outra característica que ajuda na identificação da espécie é a coloração amarelada na região malar. Vive em regiões montanhosas, freqüentemente associada a bandos mistos de aves.

Sharp-billed Treehunter End.
This species can be confused with Streaked Xenops but note that its beak is not curved upwards. Another identification feature is the yellowish color of the malar region. In lives in montane forests and frequently associates with mixed flocks.

Habitat	Alimentação / Food	Tamanho / Size
florestas	artrópodes	13 cm
forests	arthropods	

Bico-virado-miúdo – *Xenops minutus*
Pode ser encontrado do sub-bosque até o estrato médio da floresta, lembrando um pequeno pica-pau ao se movimentar entre os galhos. Vive solitário ou em casais, associando-se a bandos mistos. É comum nas matas úmidas ao longo da Serra do Mar.

Plain Xenops
Found from the understory to the middle levels of the forest and reminds one of a woodpecker as it moves about the branches. It is common in the humid forests along the Serra do Mar.

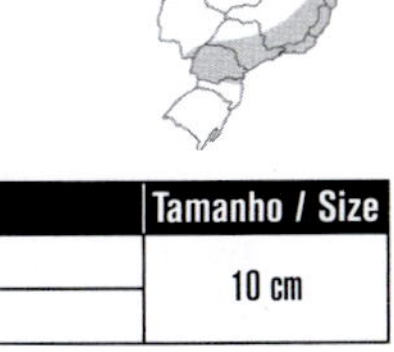

Habitat	Alimentação / Food	Tamanho / Size
florestas	artrópodes	10 cm
forests	arthropods	

Bico-virado-carijó – *Xenops rutilans*
Esta espécie distingue-se facilmente do bico-virado-miúdo (*Xenops minutus*) pelo peito todo estriado de branco. Seu comportamento é semelhante ao da espécie anterior, porém é mais comum nas florestas situadas no interior do Estado de São Paulo.

Streaked Xenops
Easily separated from Plain Xenops by its breast streaked with white. Its behavior is similar to that of the previous species. It is more common in the forests of the interior of the state of São Paulo.

Habitat	Alimentação / Food	Tamanho / Size
florestas	artrópodes	13 cm
forests	arthropods	

Vira-folha – *Sclerurus scansor* End.

Como o próprio nome já diz, esta espécie vive no chão da mata procurando alimento embaixo das folhas caídas. Raramente empoleira-se em galhos acima do subbosque. Prefere áreas mais úmidas e sombreadas. Nidifica em buracos existentes em barrancos no interior da mata.

Rufous-breasted Leaftosser End.

As its name suggests this bird lives on the forest floor foraging among the fallen leaves. It rarely perches above the understory and prefers the more humid and shaded areas. It nests in holes which it finds in banks inside the forest.

Habitat	Alimentação / Food	Tamanho / Size
florestas	artrópodes	20 cm
forests	arthropods	

João-porca – *Lochmias nematura*
Vive sempre próximo a pequenos riachos no interior da mata. Pula pelo solo ou nas pedras próximo à água à procura de alimento. Prefere matas sombreadas, podendo ser encontrado até mesmo em pequenos fragmentos florestais, desde que exista um riacho.

Sharp-tailed Streamcreeper
Always found near small streams inside the forest. It hops along the ground or on stones near the water, looking for food. It prefers well shaded forest and may be found in quite small fragments provided a stream is available.

Habitat	Alimentação / Food	Tamanho / Size
florestas	artrópodes	15 cm
forests	arthropods	

Arapaçu-liso – *Dendrocincla turdina* End.

A coloração da plumagem uniforme, sem o padrão com estrias ou escamações comum na família, facilita a identificação da espécie. Presente desde as matas de restingas até as matas de encosta, prefere trechos mais preservados. Pode ser observada com freqüência seguindo formigas-correição.

Thrush-like Woodcreeper End.

Easily identified by the uniform color of its plumage, without the streaking and scaling usual in this family. It is found from coastal white sand forests to the foothills of the coastal escarpment, preferring well preserved habitat. It can often be seen at antswarms.

Habitat	Alimentação / Food	Tamanho / Size
florestas	artrópodes	20 cm
forests	arthropods	

Arapaçu-verde – *Sittasomus griseicapillus*

De ampla distribuição geográfica, este é um dos menores e mais comuns entre todos os arapaçus, podendo ser encontrado tanto em matas primárias quanto em capoeiras. Alimenta-se de insetos que captura próximo ao tronco das árvores ou no ar, por meio de vôo curto e rápido.

Olivaceous Woodcreeper

A widely distributed species and one of the smallest and most common woodcreepers, being found both in primary forest and in secondary growth. It feeds on insects which it captures on the branches and trunks of trees or in the air, in rapid short flights.

Habitat	Alimentação / Food	Tamanho / Size
florestas	artrópodes	15 cm
forests	arthropods	

Arapaçu-de-garganta-branca – *Xiphocolaptes albicollis*
Esse arapaçu vive exclusivamente em áreas de matas bem preservadas, desaparecendo de fragmentos florestais pequenos e isolados. Apesar de seu grande porte, é mais facilmente registrado em uma área por meio de sua vocalização, uma seqüência descendente de assobios ("uipii, uipii, uipii, uipii), emitida sempre logo ao amanhecer e no final do dia.

White-throated Woodcreeper
This woodcreeper lives exclusively in well preserved woodland, disappearing from small, isolated forest fragments. In spite of its large size, it is most easily located by its song, a descending series of whistles ("uipii, uipii, uipii, uipii), given at first light and at dusk.

Habitat	Alimentação / Food	Tamanho / Size
florestas	artrópodes	30 cm
forests	arthropods	

Arapaçu-grande – *Dendrocolaptes platyrostris*
Semelhante à espécie anterior, distingue-se facilmente devido ao bico mais curto e reto. Vive em diferentes tipos de matas e mesmo em fisionomias vegetais um pouco mais abertas, como cerradões. Também pode ser encontrado nas matas ciliares do Brasil Central.

Planalto Woodcreeper
Very like the previous species but easily distinguishable by its shorter, straight bill. It lives in a range of different types of forest and even in more open woodland like that found in savannas. It is also found in the gallery forests of central Brazil.

Habitat	Alimentação / Food	Tamanho / Size
florestas e cerrados	artrópodes	25 cm
forests and savannas	arthropods	

Arapaçu-escamado – *Lepidocolaptes falcinellus* End.
Este é um dos arapaçus mais raros nas matas ao redor de São Paulo, ao contrário da espécie seguinte. Procura seu alimento em troncos situados nos estratos mais altos da floresta. Distingue-se do arapaçu-rajado (*Xiphorhynchus fuscus*) pelo maior tamanho, estrias bem destacadas nas partes inferiores e garganta mais branca.

Scalloped Woodcreeper End.
The least common of the woodcreepers in the forests around São Paulo, in contrast to the next species. It forages on tree trunks in the highest levels of the forest. It is distinguished from Lesser Woodcreeper by its larger size, bolder, black-edged streaking on the underparts and whiter throat.

Habitat	Alimentação / Food	Tamanho / Size
florestas	artrópodes	20 cm
forests	arthropods	

Arapaçu-rajado – *Xiphorhynchus fuscus* End.
Vive no sub-bosque da mata, freqüentemente associado a bandos mistos de aves. Pode ser encontrado desde nas restingas no litoral até nas matas de altitude da Serra do Mar e da Serra da Mantiqueira. É comum em muitos fragmentos florestais situados ao redor da cidade de São Paulo.

Lesser Woodcreeper End.
A bird of the understory, often associating with mixed flocks. It is found from coastal white sand forest to the montane forests of the Serra do Mar and Serra da Mantiqueira. It is common in many forest fragments around the city of São Paulo.

Habitat	Alimentação / Food	Tamanho / Size
florestas	artrópodes	17 cm
forests	arthropods	

Piolhinho – *Phyllomyias fasciatus*
Esta espécie, assim como outros representantes da família Tyrannidae, possui plumagem de coloração pouco conspícua, podendo passar despercebida por um observador menos atento. Vive no alto das árvores, no interior ou nas bordas da mata. Nos arredores da cidade de São Paulo, pode ser encontrada na Serra da Cantareira.

Planalto Tyrannulet
This species, like most of the tyrant flycatchers, is inconspicuously colored and may easily be overlooked by a casual observer. It lives in the tops of trees in the interior of the forest or at the edge. Around the city of São Paulo it may be found on the Serra da Cantareira.

Habitat	Alimentação / Food	Tamanho / Size
florestas e bordas de matas	artrópodes	10 cm
forests and forest edge	arthropods	

Poiaeiro-serrano – *Phyllomyias griseocapilla* End.
O hábito da espécie de viver no alto das árvores e sua coloração esverdeada dificultam a observação da espécie. Uma característica que ajuda na identificação é a cor cinza na cabeça, que contrasta com o resto do corpo. A plumagem amarelada nas partes inferiores está restrita aos flancos. Vive nas regiões montanhosas do sudeste.

Gray-capped Tyrannulet End.
Its preference for the canopy and its green plumage make this a difficult species to see. A helpful feature is the grey crown which contrasts with the rest of the body. The yellow on the underside is confined to the flanks. It lives in the mountains of southeast Brazil.

Habitat	Alimentação / Food	Tamanho / Size
florestas	artrópodes	10 cm
forests	arthropods	

Risadinha – *Camptostoma obsoletum*
Vive em casais no alto das árvores, podendo, eventualmente, pousar em galhos mais baixos. Sua vocalização consiste de uma seqüência descendente de assobios curtos, lembrando uma risada. Nas cidades, pode ser encontrada tanto em parques e bairros mais arborizados como em áreas bem urbanas.

Southern Beardless-Tyrannulet
It lives in pairs in the canopy but may perch on the lower branches. Its song is a quick descending series of short whistles, like a peal of laughter, which gives the species its popular name. In towns it is found in parks, well wooded districts and even in quite urban areas.

Habitat	Alimentação / Food	Tamanho / Size
jardins e bordas de matas	artrópodes	10 cm
gardens and forest edge	arthropods	

Guaracava-de-barriga-amarela – *Elaenia flavogaster*
Possui um pequeno topete com penas brancas escondidas, nem sempre visíveis. Vive geralmente em casais, pousada no estrato médio da vegetação. Atua como dispersor de sementes.

Yellow-bellied Elaenia
The semi-concealed white feathers in its small crest are not always visible. Usually in pairs, it frequents the middle growth. It is an efficient seed disperser.

Habitat	Alimentação / Food	Tamanho / Size
jardins, capoeiras e bordas de matas	artrópodes e frutos	15 cm
gardens, secondary growth and forest edge	arthropods and fruit	

Tuque – *Elaenia mesoleuca*

É muito parecida com a guaracava-de-barriga-amarela (*Elaenia flavogaster*), porém sem o topete. Além da diferença morfológica, ao contrário da espécie anterior, prefere ambientes mais florestados.

Olivaceous Elaenia

Very like Yellow-bellied Elaenia but with no crest. Apart from this difference in plumage, it prefers more wooded habitats.

Habitat	Alimentação / Food	Tamanho / Size
florestas e capoeiras	artrópodes e frutos	15 cm
forests and secondary growth	arthropods and fruit	

Alegrinho – *Serpophaga subcristata*

De hábitos solitários, vive no alto das árvores, eventualmente aproximando-se do solo. Pode ser rapidamente reconhecido devido ao topete com algumas penas brancas, que permanece quase sempre eriçado e dividido em duas partes.

White-crested Tyrannulet

Of solitary habits it lives in the canopy but occasionally drops down to ground level. It is easily recognizable by its divided crest with a few white feathers, which is almost always erect.

Habitat	Alimentação / Food	Tamanho / Size
florestas, capoeiras e jardins	artrópodes	10 cm
forests, secondary growth and gardens	arthropods	

Abre-asa-de-cabeça-cinza – *Mionectes rufiventris* End.
Vive no sub-bosque da mata. Sua vocalização é bem característica, constituída por uma seqüência descendente e acelerada "tem, te, te, te, te...". Esta espécie apresenta sistema de reprodução de arena, no qual vários machos delimitam pequenos territórios e vocalizam com freqüência para atrair a fêmea para o acasalamento.

Gray-hooded Flycatcher End.
A bird of the forest understory. Its song is very characteristic and consists of a quick descending nasal sequence "tem, te, te, te, te...". This species sings in a dispersed 'lek' where various males occupy small contiguous territories and sing constantly to attract females for mating.

Habitat	Alimentação / Food	Tamanho / Size
florestas	artrópodes e frutos	13 cm
forests	arthropods and fruit	

Cabeçudo – *Leptopogon amaurocephalus*
Pode ser encontrado no sub-bosque e no estrato médio da vegetação. Duas características facilitam sua identificação: a pequena mancha escura na lateral da cabeça e o comportamento de levantar uma só asa.

Sepia-capped Flycatcher
Found in the understory or middle levels. Two features aid identification: a small dark patch on the side of the head and its habit of raising one wing at a time.

Habitat	Alimentação / Food	Tamanho / Size
florestas e capoeiras	artrópodes	13 cm
forests and secondary growth	arthropods	

Barbudinho – *Phylloscartes eximius* End.
A mancha branca na região do loro e atrás dos olhos é característica, auxiliando na identificação da espécie. Vive no estratro médio e no sub-bosque da mata, às vezes associado a bandos mistos. É uma espécie rara, mas ainda pode ser encontrada com certa facilidade na Serra da Cantareira, em São Paulo.

Southern Bristle-Tyrant End.
White patches on the lores and behind the eye help to identify this species. It lives in the middle and lower levels of the forest, and sometimes associates with mixed flocks. An uncommon species, but it can still be found fairly easily in the Serra da Cantareira within the São Paulo city limits.

Habitat	Alimentação / Food	Tamanho / Size
florestas	artrópodes	10 cm
forests	arthropods	

Borboletinha-do-mato – *Phylloscartes ventralis*
Espécie bastante ativa, movimenta-se com freqüência entre os galhos. Tem o hábito de manter a cauda um pouco levantada, realizando movimentos rápidos para cima. Vive no alto das árvores em florestas e em capoeiras situadas no alto das serras.

Mottle-cheeked Tyrannulet
An active bird, moving quickly through the branches. It holds its tail slightly cocked, flicking it rapidly upwards. It lives in the canopy in montane forests and secondary growth.

Habitat	Alimentação / Food	Tamanho / Size
florestas e capoeiras	artrópodes	10 cm
forests and secondary growth	arthropods	

Miudinho – *Myiornis auricularis* End.
É um dos menores representantes da família. Possui cauda bastante curta. Utiliza desde o sub-bosque até o dossel da mata. É mais abundante em matas secundárias, sendo raro em matas bem preservadas.

Eared Pygmy-Tyrant End.
One of the smallest members of the family. Its tail is extremely short. Found from the understory to the canopy. Common in secondary growth and but uncommon in well preserved forest.

Habitat	Alimentação / Food	Tamanho / Size
florestas e capoeiras	artrópodes	7 cm
forests and secondary growth	arthropods	

Olho-falso – *Hemitriccus diops* End.
Apresenta mancha branca no loro, daí a origem do nome popular. Vive no interior da mata, onde os taquarais são abundantes. É uma espécie característica de regiões montanhosas, sendo muito rara ou ausente nas matas de baixada.

Drab-breasted Bamboo-Tyrant End.
It has a white spot on the lores and lives in the forest interior in areas with abundant bamboo. A characteristic species of montane forests, being very rare or absent in the lowlands.

Habitat	Alimentação / Food	Tamanho / Size
florestas	artrópodes	10 cm
forests	arthropods	

Tiririzinho-do-mato – *Hemitriccus orbitatus* End.
Possui um anel perioftálmico branco, facilitando a identificação da espécie. De hábitos solitários, habita desde as matas de baixada até o alto das montanhas, porém é mais abundante na baixa encosta. Nos arredores de São Paulo, ocorre em alguns pontos de matas mais preservadas na Serra da Cantareira e na reserva do Morro Grande.

Eye-ringed Tody-Tyrant End.
The white eye ring is a useful field mark. Of solitary habits, it is found from lowland to montane forests, but is more common in the lower foothills. Around São Paulo it occurs in some places in the better preserved forests of the Serra da Cantareira or in the Morro Grande reserve.

Habitat	Alimentação / Food	Tamanho / Size
florestas	artrópodes	10 cm
forests	arthropods	

Teque-teque – *Todirostrum poliocephalum* End.

A mancha amarela no loro é uma importante característica para identificação desta espécie. Vive em casais, no alto das árvores, forrageando com grande velocidade entre as folhas e galhos. Em jardins e parques urbanos é muito comum no alto de touceiras do bambu exótico do gênero *Bambuza*.

Yellow-lored Tody-Flycatcher End.

The yellow spot on the lores is an important field mark. It lives in pairs in the canopy, moving quickly about the foliage and branches as it forages. In gardens and urban parks it is very common at the top of the exotic Bambuza bamboo.

Habitat	Alimentação / Food	Tamanho / Size
bordas de matas e jardins	artrópodes	8 cm
forest edge and gardens	arthropods	

Relógio – *Todirostrum cinereum*

Característico de ambientes mais abertos, não ocorre em áreas extensamente florestadas, sendo muito comum em cidades. Vive escondido no meio da vegetação baixa, e apresenta comportamento característico de movimentar a cauda lateralmente.

Common Tody-Flycatcher

Found in more open areas, it does not occur in dense forests but is very common in towns. It stays hidden in the lower vegetation and flicks its tail from side to side.

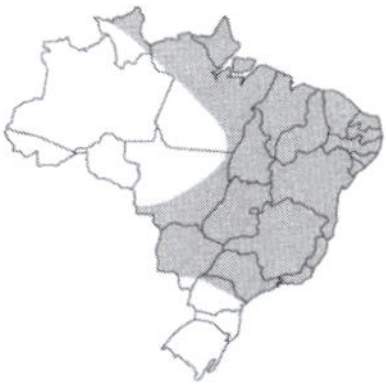

Habitat	Alimentação / Food	Tamanho / Size
capoeiras e jardins	artrópodes	8 cm
secondary growth and gardens	arthropods	

Ferreirinho-de-cara-canela – *Poecilotriccus plumbeiceps*
Ao contrário do relógio (*Todirostrum cinereum*), está espécie está restrita às áreas de mata, sendo mais abundante em florestas perturbadas. Vive escondida no meio da ramaria, a pouca altura do solo. É de difícil observação, no entanto sua presença na área é facilmente detectada por meio de sua vocalização, constituída de chamadas curtas e rápidas "prru, pruu".

Ochre-faced Tody-Flycatcher
Unlike Common Tody-Flycatcher this species is restricted to woodland, being more common in disturbed forest. In stays hidden in the foliage a little above the ground. It is difficult to see but its presence is disclosed by its short, quick "prru, pruu" calls.

Habitat	Alimentação / Food	Tamanho / Size
florestas	artrópodes	10 cm
forests	arthropods	

Bico-chato – *Tolmomyias sulphurescens*
Uma das espécies mais comuns nas matas ao redor da cidade de São Paulo. Ocupa os estratos superiores da vegetação, descendo mais próximo ao solo na borda da mata. Sua vocalização é bem característica, lembrando o som de um apito de juiz. O ninho é suspenso, em forma de bolsa.

Yellow-olive Flycatcher
One of the most common species in the forests around São Paulo. It inhabits the upper levels, coming lower at the forest edge. Its call is quite distinctive and sounds like a referee's whistle. The nest is a purse-shaped hanging bag.

Habitat	Alimentação / Food	Tamanho / Size
florestas	artrópodes	15 cm
forests	arthropods	

Patinho – *Platyrinchus mystaceus*
O grande bico achatado é a principal característica desta espécie. O topete amarelo é mais pronunciado no macho, mas não é facilmente visto em campo. Vive no sub-bosque da mata, sendo comum até mesmo em pequenos fragmentos florestais. Quando realiza vôos curtos entre os galhos, produz um som característico com as asas "trrr".

White-throated Spadebill
The large flat bill is characteristic of this species. The yellow coronal stripe is more developed in the male but is seldom visible in the field. It lives in the understory and is common, even in small forest fragments. When it makes short flights between branches it produces a characteristic "trrr" sound with its wings.

Habitat	Alimentação / Food	Tamanho / Size
florestas	artrópodes	10 cm
forests	arthropods	

Filipe – *Myiophobus fasciatus*
Esta espécie possui um topete amarelo que fica escondido sob as penas, no alto da cabeça, sendo de difícil observação no campo. Costuma ficar pousada a poucos metros do solo, realizando vôos rápidos para capturar insetos no ar.

Bran-colored Flycatcher
Its yellow coronal stripe is usually hidden and difficult to see in the field. It normally perches a few meters above the ground, making rapid flights to capture insects in the air.

Habitat	Alimentação / Food	Tamanho / Size
capoeiras e áreas abertas com árvores esparsas	artrópodes	13 cm
secondary growth and open areas with scattered trees	arthropods	

Enferrujado – *Lathrotriccus euleri*
Esta espécie possui hábitos solitários e pode ser encontrada no sub-bosque da mata, sendo comum até mesmo em pequenos fragmentos florestais. Nos entornos da cidade de São Paulo, aparece apenas entre a primavera e o verão, migrando durante o inverno.

Euler's Flycatcher
A species of solitary habits, living in the understory and common even in small forest fragments. It appears around the city of São Paulo in spring and summer, migrating in the winter.

Habitat	Alimentação / Food	Tamanho / Size
florestas e capoeiras	artrópodes	10 cm
forests and secondary growth	arthropods	

Verão – *Pyrocephalus rubinus*

Um dos mais belos representantes da família, com acentuado dimorfismo sexual. Pousa a pouca altura, podendo descer ao solo. As populações do sul do Brasil migram para o norte durante o inverno. Na cidade de São Paulo pode ser observado entre os meses de abril e setembro, em áreas como o Parque do Ibirapuera e o campus da Universidade de São Paulo.

Vermilion Flycatcher

One of the most spectacular members of the family. The female looks quite different from the male. It perches low and flies down to the ground. The populations of southern Brazil migrate north in winter. In the city of São Paulo it can be seen in April and September in places like Ibirapuera Park or the campus of the University of São Paulo.

Habitat	Alimentação / Food	Tamanho / Size
campos e cerrados	artrópodes	13 cm
grasslands and savannas	arthropods	

Maria-branca – *Xolmis cinereus*
A coloração vermelha da íris chama a atenção, mesmo quando a ave é observada de longe. Quando em vôo, destaca-se a faixa branca nas asas. Em áreas urbanas, ocorre em parques com grandes gramados ou áreas abertas, evitando locais muito arborizados e matas.

Gray Monjita
The red iris is conspicuous, even from a distance. In flight it has a prominent white band on the wing. In urban areas it is found in parks or other open spaces with plenty of grass. It avoids wooded areas and forests.

Habitat	Alimentação / Food	Tamanho / Size
campos e cerrados	artrópodes	23 cm
grasslands and savannas	arthropods	

Maria-preta-de-penacho – *Knipolegus lophotes*
Esta espécie é de fácil identificação, devido ao topete alto e à mancha branca nas asas que aparece quando a ave voa. Vive sempre em casais, pousada em pequenos arbustos. Macho e fêmea são muito parecidos, sendo a fêmea um pouco menor. Na cidade de São Paulo é uma espécie bastante rara, com poucos registros.

Crested Black-Tyrant
Easily identifiable by its long crest and the white band on the wings, visible in flight. It always lives in pairs, perching on small bushes. The male and female are very similar, with the female a little smaller. It is quite rare in the city of São Paulo, with few records.

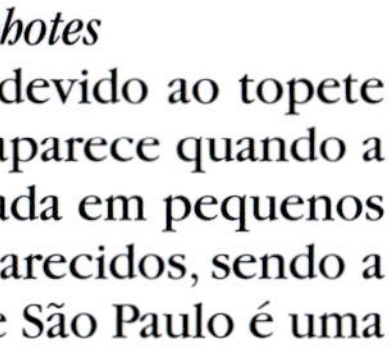

Habitat	Alimentação / Food	Tamanho / Size
campos de altitude, campos rupestres e áreas abertas	artrópodes	20 cm
montane grasslands and rocky scrub, open areas	arthropods	

Lavadeira-mascarada – *Fluvicola nengeta*
Geralmente vive em casais, caminhando ativamente pelo chão, próximo a riachos, lagoas e até mesmo piscinas. A partir de 1950, sua distribuição geográfica expandiu-se em direção ao sul do país. Na cidade de São Paulo é comum no Parque do Ibirapuera.

Masked Water-Tyrant
Normally in pairs, walking quickly on the ground near streams, lakes or even swimming pools. Since the 1950s its range has been expanding southwards. In São Paulo it is common in Ibirapuera Park.

Habitat	Alimentação / Food	Tamanho / Size
áreas abertas perto de extensões de água	artrópodes	20 cm
open areas near water	arthropods	

Freirinha – *Arundinicola leucocephala*
Assim como a lavadeira-mascarada (*Fluvicola nengeta*), vive sempre próxima à água. No entanto, não anda pelo chão, permanecendo pousada na vegetação ribeirinha. O macho é preto com a cabeça branca, bem diferente da fêmea, que é acinzentada.

White-headed Marsh-Tyrant
Like Masked Water-Tyrant always found near water. However it does not walk on the ground but perches on the waterside vegetation. The male is black with a white head, very different from the gray female.

Habitat	Alimentação / Food	Tamanho / Size
áreas abertas, beira de extensões de água e brejos	artrópodes	10 cm
open areas near water and marshes	arthropods	

Viuvinha – *Colonia colonus*
A fêmea não apresenta a longa cauda característica dos machos. Vive no alto das árvores, solitária ou em casais. Caça insetos no ar partindo de um poleiro, em vôos rápidos e curtos. A vocalização, constituída por um assobio fino e curto, facilita a sua detecção na área.

Long-tailed Tyrant
The female does not have the long tail, so characteristic of the male. It perches on the tops of trees, on its own or in pairs. It captures insects in the air, making rapid short sallies. Its call, a short, thin whistle, helps to locate the bird.

Habitat	Alimentação / Food	Tamanho / Size
florestas e bordas de mata	artrópodes	20 cm
forests and forest edge	arthropods	

Suiriri-pequeno – *Satrapa icterophrys*
O que mais chama a atenção na espécie é o supercílio de forte coloração amarela. Possui hábitos solitários, permanecendo pousado em árvores e arbustos por longos períodos, raramente descendo ao solo. Apresenta preferência por hábitats próximos a rios ou lagos.

Yellow-browed Tyrant
The most distinctive feature of this bird is its bright yellow superciliary. Of solitary habits, it perches on trees and bushes for long periods, rarely coming down to the ground. It prefers habitats near rivers or lakes.

Habitat	Alimentação / Food	Tamanho / Size
bordas de matas e capoeiras	artrópodes	15 cm
forest edge and secondary growth	arthropods	

Gibão-de-couro – *Hirundinea ferruginea*

Esta espécie apresenta uma estreita associação com escarpas e paredões rochosos. Pode também ser encontrada dentro de cidades, pousada nos parapeitos no alto dos prédios e nas antenas de televisão. Caça insetos no ar por meio de manobras rápidas e acrobáticas.

Cliff Flycatcher

Closely associated with rocks and cliffs and so, in towns, found on ledges on high buildings or on television aerials. It hunts for insects in the air with rapid acrobatic flights.

Habitat	Alimentação / Food	Tamanho / Size
áreas abertas perto de pedras e escarpas	artrópodes	17 cm
open areas near rocks and cliffs	arthropods	

Bem-te-vi-do-gado – *Machetornis rixosa*
Esta espécie é comumente observada pousada sobre cavalos e bois, aproveitando para capturar os insetos espantados pelo movimento desses animais. Também se alimenta andando com habilidade pelo solo.

Cattle Tyrant
Often seen perched on horses and cattle, catching the insects flushed by the animals' movements. It also forages while walking about rapidly on the ground.

Habitat	Alimentação / Food	Tamanho / Size
áreas abertas e pastagens	artrópodes	20 cm
open areas and pastures	arthropods	

Capitão-castanho – *Attila phoenicurus*
Esta espécie florestal está restrita a áreas com matas mais preservadas. É comum nas matas situadas ao longo da Serra do Mar e da Serra da Mantiqueira, no sudeste, entre a primavera e o verão. Próximo à cidade de São Paulo é comum na reserva do Morro Grande.

Rufous-tailed Attila
A forest bird found only in well preserved forest. Common in the southeast along the Serra do Mar and the Serra da Mantiqueira in spring and summer. Near the city of São Paulo it is readily found in the Morro Grande reserve.

Habitat	Alimentação / Food	Tamanho / Size
florestas	artrópodes	17 cm
forests	arthropods	

Capitão-de-saíra – *Attila rufus* End.
Inconfundível pela cabeça cor cinza, que contrasta com o corpo castanho e o bico longo. Habita desde as restingas até o alto das montanhas no interior da mata contínua ou fragmentos florestais. Desaparece em fragmentos de mata pequenos ou muito isolados. Procura alimento no alto das árvores, mas também desce ao solo com freqüência. Tem o comportamento de movimentar levemente a cauda para cima e para baixo.

Gray-hooded Attila End.
Unmistakable with its gray hood, contrasting with its rufous body, and long bill. It is found in habitats from coastal to montane forest, in both continuous forest and in fragments, disappearing from the latter when very small or isolated. It forages in the canopy but often comes down to the ground. It has a behavioral trait of slowly moving its tail up and down.

Theodoro Trail 2/3/06

Habitat	Alimentação / Food	Tamanho / Size
florestas e bordas de mata	artrópodes, pequenos vertebrados e frutos	20 cm
forests and forest edge	arthropods, small vertebrates and fruit	

Maria-cavaleira – *Myiarchus ferox*
Mais facilmente reconhecida através de sua voz, um trinado curto e fraco "priii", esta espécie é extremamente parecida com o irrê (*Myiarchus swainsoni*), sendo que a melhor maneira para distinguir as duas espécies é pela vocalização.

Short-crested Flycatcher
Most easily identified by its call, a short, weak trill, "priii". This species looks extremely like Swainson's Flycatcher and the best way to separate the two is by their vocalizations.

Habitat	Alimentação / Food	Tamanho / Size
bordas de mata, capoeiras e áreas abertas	artrópodes	20 cm
forest edge, secondary growth and open areas	arthropods	

Irrê – *Myiarchus swainsoni*

Esta espécie é um pouco mais florestal que a maria-cavaleira (*Myiarchus ferox*). No entanto, evita trechos de matas altas e bem preservadas, sendo comum em capoeiras. Apresenta comportamento migratório, aparecendo em São Paulo na primavera e no verão.

Swainson's Flycatcher

More of a forest bird than Short-crested Flycatcher. However it avoids tall primary forest and is common in secondary growth. It makes migratory movements, appearing in São Paulo in spring and summer.

Habitat	Alimentação / Food	Tamanho / Size
bordas de mata e capoeiras	artrópodes	20 cm
forest edge and secondary growth	arthropods	

Bem-te-vi – *Pitangus sulphuratus*

Uma das aves mais conhecidas no Brasil. Seu canto lembra as sílabas do seu nome popular, "bem-te-vi". É uma espécie generalista, com capacidade de adaptação a diversos ambientes. Alimenta-se dos mais diversos itens, desde peixes e girinos até restos de alimentos consumidos pelo homem.

Great Kiskadee

One of Brazil's best known birds. Its song sounds like the syllables of its popular names, both in English and Portuguese ("bem-te-vi"). A generalist, capable of adapting to a variety of habitats, it feeds on a wide range of items from fish and tadpoles to leftovers of human food.

Habitat	Alimentação / Food	Tamanho / Size
áreas abertas, jardins, bordas de matas	artrópodes, pequenos vertebrados, frutos	23 cm
open areas, gardens and forest edge	arthropods, small vertebrates, fruit	

Bem-te-vi-de-bico-chato – *Megarynchus pitangua*
Esta espécie possui o bico comprido e grosso, sendo essa a principal diferença em relação ao bem-te-vi (*Pitangus sulphuratus*). Vive em casais no alto das árvores. Em cidades, prefere parques e áreas mais arborizadas. Apresenta comportamento migratório, aparecendo no Estado de São Paulo na primavera e verão.

Boat-billed Flycatcher
The main difference between this species and Great Kiskadee is its long, wide bill. It lives in pairs in the canopy. In towns it prefers parks and well wooded areas. It makes migratory movements, appearing in São Paulo in spring and summer.

Habitat	Alimentação / Food	Tamanho / Size
florestas, áreas abertas e cidades	artrópodes	23 cm
forests, open areas and towns	arthropods	

Bem-te-vizinho – *Myiozetetes similis*
Lembra o bem-te-vi (*Pitangus sulphuratus*), porém é nitidamente menor. Possui uma faixa vermelha no píleo, que só é visível quando a ave levanta o topete. Evita o interior das matas, sendo mais comum nas bordas.

Social Flycatcher
Similar to Great Kiskadee but much smaller. It has a red coronal stripe, visible only when the bird raises its crest. It avoids the forest interior, being more common at the edge.

Habitat	Alimentação / Food	Tamanho / Size
bordas de mata, áreas abertas e cidades	artrópodes e frutos	17 cm
forest edge, open areas and towns	arthropods and fruit	

Bem-te-vi-rajado – *Myiodynastes maculatus*

Espécie florestal, vive em casais no alto das árvores. Pode ocorrer em cidades, mas apenas em parques bem arborizados. Tem comportamento migratório, aparecendo nos arredores de São Paulo nos meses mais quentes do ano.

Streaked Flycatcher

A forest species, living in pairs in the canopy. It may occur in towns but only in well wooded parks. It makes migratory movements, appearing around São Paulo in the hottest months of the year.

Habitat	Alimentação / Food	Tamanho / Size
florestas e capoeiras	artrópodes e frutos	20 cm
forests and secondary growth	arthropods and fruit	

Bem-te-vi-pirata – *Legatus leucophaius*
Seu nome popular tem origem em seu comportamento nidoparasita, que consiste na utilização de ninhos construídos por outras espécies para botar seus ovos. Vive no alto das árvores, preferencialmente perto de clareiras. Em São Paulo, aparece apenas durante a primavera e o verão.

Piratic Flycatcher
Its English name refers to its behavior as a nest parasite, using nests built by other species to lay its eggs. It lives in the canopy, preferably near clearings. In São Paulo it appears only in the spring and summer.

Habitat	Alimentação / Food	Tamanho / Size
florestas e bordas de mata	artrópodes	15 cm
forests and forest edge	arthropods	

Peitica – *Empidonomus varius*
É muito semelhante ao bem-te-vi-pirata (*Legatus leucophaius*), porém maior, com bico mais comprido e com as coberteiras superiores da cauda castanho. Também apresenta comportamento migratório, aparecendo nos arredores de São Paulo nos meses mais quentes do ano.

Variegated Flycatcher
Very like Piratic Flycatcher but bigger, with a longer bill and with rufous upper tail coverts. It also makes migratory movements, appearing around São Paulo in the hottest months of the year.

Habitat	Alimentação / Food	Tamanho / Size
bordas de matas e capoeiras	artrópodes	20 cm
forests and forest edge	arthropods	

Tesoura – *Tyrannus savana*

A longa cauda bifurcada permite a identificação imediata da espécie. Durante o vôo, realiza manobras acrobáticas. É migratória, formando grandes bandos durante os deslocamentos. No sudeste, pode ser encontrada durante a primavera e o verão.

Fork-tailed Flycatcher

The long forked tail identifies the bird immediately. In flight it performs acrobatics. It is migratory, forming great flocks. In the southeast it is found in the spring and summer.

Habitat	Alimentação / Food	Tamanho / Size
áreas abertas e cerrados	artrópodes	40 cm
open areas and savannas	arthropods	

Suiriri – *Tyrannus melancholicus*
Extremamente comum, vive em casais em qualquer área aberta onde haja um mínimo de arborização. Possui um faixa vermelha no píleo, escondida sob as penas cinza, que só se torna visível quando a ave está excitada, levantando o topete. Na região sudeste aparece apenas durante a primavera e o verão.

Tropical Kingbird
An extremely common bird, it lives in pairs in any open area with at least a few trees. Its red coronal stripe, hidden by grey feathers, can be seen when the bird is excited and raises its crest. It appears in the southeast in the spring and summer.

Habitat	Alimentação / Food	Tamanho / Size
cerrados, áreas abertas e cidades	artrópodes	20 cm
savannas, open areas and towns	arthropods	

Caneleiro – *Pachyramphus castaneus*

O macho e a fêmea são semelhantes. Esta espécie é pouco ativa, ficando parada no alto das árvores. É mais facilmente observável nas bordas de matas, quando pode pousar em galhos mais baixos. Sua voz consiste de uma seqüência descendente "pi, pi, pi, pi, pi...", sendo a melhor maneira de detectar a espécie.

Chestnut-crowned Becard

The male and female look alike.This species is not very active and stays perched in the canopy without moving. It is most easily observed at the forest edge where it may perch on lower branches.The best way to find it is by its call, a descending sequence "pi, pi, pi, pi, pi...".

Habitat	Alimentação / Food	Tamanho / Size
florestas	artrópodes e frutas	15 cm
forests	arthropods and fruit	

Caneleiro-preto – *Pachyramphus polychopterus*

A fêmea possui o dorso oliváceo, ventre amarelado e bordas da cauda e asas castanho. Esta espécie é mais comum em áreas de floresta perturbada, evitando o interior de matas bem preservadas. Possui comportamento migratório, aparecendo na cidade de São Paulo e arredores apenas nos meses mais quentes do ano.

White-winged Becard

The female has an olivaceous back, yellowish belly and cinnamon edgings to the flight feathers and tail. The species is more common in disturbed forest, avoiding the interior of primary forest. It makes migratory movements and only appears in São Paulo in the hottest months of the year.

Habitat	Alimentação / Food	Tamanho / Size
florestas, capoeiras	artrópodes e frutas	15 cm
forests, secondary growth	arthropods and fruit	

Caneleiro-de-chapéu-negro – *Pachyramphus validus*
O macho tem o alto da cabeça preto, partes superiores cinza escuro e garganta, peito e ventre cinza claro. Também possui penas brancas escondidas no dorso, de difícil visualização em campo. A vocalização é constituída de finos assobios, lembrando um pouco a de um beija-flor (*Phaethornis*). Realiza movimentos migratórios, aparecendo no Estado de São Paulo na primavera e no verão.

Crested Becard
The male has a black crown, dark gray upperparts and paler gray underparts. It also has white feathers concealed on the back which are difficult to see in the field. The call is a thin whistle, reminiscent of a Phaethornis hummingbird. It makes migratory movements and only appears in São Paulo in the spring and summer.

Habitat	Alimentação / Food	Tamanho / Size
florestas, capoeiras e bordas de matas	artrópodes e frutos	20 cm
forests, secondary growth and forest edge	arthropods and fruit	

Anambé-branco – *Tityra cayana*
A fêmea é cinza com garganta e peito estriados de preto e bordas das asas mais escuras. Esta espécie costuma pousar no alto das árvores, sendo que os machos são bastante visíveis devido a sua coloração branca. Ao longo da Serra do Mar e na cidade de São Paulo, esta espécie só aparece entre os meses de setembro e março.

Black-tailed Tityra
The female is gray with throat and breast streaked black and dark edgings on the wings. The species usually perches high on the topmost branches, the male being particularly visible because of its white color. Along the Serra do Mar and in the city of São Paulo this species appears only in the months of September to March.

Habitat	Alimentação / Food	Tamanho / Size
florestas	artrópodes e frutos	20 cm
forests	arthropods and fruit	

Tangará – *Chiroxiphia caudata* End.
A fêmea é verde-oliva uniforme, e o macho imaturo, verde com o alto da cabeça vermelho. Vive no sub-bosque da mata, geralmente solitário. Durante a época de reprodução, pequenos grupos de machos se reúnem ao redor de uma fêmea e iniciam uma "dança" bastante elaborada, em que os machos se exibem para a fêmea. Devido a esse comportamento, em algumas regiões a espécie também é conhecida como "dançarino".

Blue Manakin End
The female is a uniform olive green and the immature male green with a red crown. It lives in the forest understory, usually alone. In the breeding season small groups of males gather round a female and perform an elaborate 'dance' in which the males display to the female. Because of this behavior the species' popular name in Portuguese in some areas is 'Dancing Manakin'.

Habitat	Alimentação / Food	Tamanho / Size
florestas	frutos	13 cm
forests	fruit	

Fruxu – *Neopelma chrysolophum* End.
Macho e fêmea são parecidos, porém o amarelo no píleo é mais forte nos machos, embora nem sempre visível. De hábitos solitários, esta espécie vive no estrato médio e no sub-bosque, sendo difícil de ser observada. Restringe-se às regiões montanhosas.

Serra do Mar Tyrant-Manakin End.
Males and females are similar except that the yellow coronal stripe is brighter in the males, though not always visible. Of solitary habits the species lives in the middle and lower levels and is difficult to see. Restricted to montane areas.

Habitat	Alimentação / Food	Tamanho / Size
florestas	frutos	13 cm
forests	fruit	

Flautim – *Schiffornis virescens* End.

Vive no sub-bosque e estrato médio da floresta, desaparecendo de fragmentos florestais pequenos e isolados. Ocorre desde as restingas até o alto das serras e matas secas do interior. Possui hábitos solitários, sendo mais facilmente ouvido (canto melodioso e dissilábico) do que visto dentro da mata.

Greenish Schiffornis End.

It lives in the under- and midstory and disappears from small, isolated forest fragments. It is found from coastal white sand forests to montane forest and the dry woodland of the interior. Its habits are solitary and it is more easily heard (a melodious two syllable song) than seen.

Habitat	Alimentação / Food	Tamanho / Size
florestas	frutos e artrópodes	15 cm
forests	fruit and arthropods	

Tesourinha-da-mata – *Phibalura flavirostris*
Vive no alto das árvores, no interior da mata e suas bordas, chamando a atenção pela cauda longa e bifurcada. Realiza movimentos migratórios fora da época de reprodução. Durante a primavera e o verão, a espécie pode ser observada na Serra da Cantareira, inclusive nidificando. O ninho tem formato de tigela, confeccionado basicamente de liquens e musgos, sendo extremamente bem camuflado.

Swallow-tailed Cotinga
A bird of the canopy, in the interior of the forest and at the edge, conspicuous by its long forked tail. Outside the breeding season it makes migratory movements. During the spring and summer it may be seen in the Serra do Mar, where it nests. The nest is bowl-shaped, made of lichens and moss, and is extremely well camouflaged.

Habitat	Alimentação / Food	Tamanho / Size
florestas	frutos e artrópodes	21 cm
forests	fruit and arthropods	

Corocochó – *Carpornis cucullata* End.
Vive no alto das árvores, no interior da mata úmida. Seu canto lembra o nome popular da espécie, "coró-cochó". É uma das vozes mais ouvidas nas matas de altitude ao longo da Serra do Mar. Próximo à cidade de São Paulo, pode ser encontrado nos trechos mais úmidos da reserva do Morro Grande. Na região sudeste está restrito ao alto das serras, porém no Rio Grande do Sul é encontrado em matas de baixada.

Hooded Berryeater End.
It lives in the canopy in the interior of humid forests. Its song sounds like its Brazilian name "coró-cochó" and is one of the most characteristic sounds of the montane forests along the Serra do Mar. Near the city of São Paulo it can be found in the more humid parts of the Morro Grande reserve. In the southeast it is restricted to the mountains but in Rio Grande do Sul it is found in lowland forests.

Habitat	Alimentação / Food	Tamanho / Size
florestas	frutos	23 cm
forests	fruit	

Pavó – *Pyroderus scutatus*
Um dos maiores representantes da família Cotingidae, ambos os sexos são semelhantes, porém a fêmea é significativamente menor. Vive no interior da mata, mas devido a sua boa capacidade de vôo também aparece em fragmentos florestais isolados. Sua vocalização consiste de um canto baixo e profundo "buuu-buuu", podendo ser ouvida a grandes distâncias. Visita pomares próximos às matas em busca de frutos, como nêsperas e amoras.

Red-ruffed Fruitcrow
One of the largest of the cotingas, the sexes are similar though the female is significantly smaller. It lives in the forest interior but because of its strong flight it also appears in isolated forest fragments. Its call is a low, deep "buuu-buuu" which can be heard over a long distance and in the breeding season (September and October) it vocalizes frequently. It visits orchards near forest, looking for medlars and plums.

Habitat	Alimentação / Food	Tamanho / Size
florestas	frutos e artrópodes	45 cm
forests	fruit and arthropods	

Araponga – *Procnias nudicollis* End.

A fêmea é esverdeada, de cabeça cinza e garganta e peito estriados de cinza. Vive em matas bem preservadas, desaparecendo em fragmentos florestais isolados. Sua vocalização é extremamente forte e característica, lembrando o som de um martelo batendo numa bigorna. Ao longo da Serra do Mar canta bastante durante todo o dia, entre os meses de setembro e março. É uma ave encontrada com freqüência em cativeiro, sendo bastante caçada.

Bare-throated Bellbird End.

The female is greenish with a gray head and throat and breast streaked gray. It lives in well preserved forest and disappears from isolated fragments. Its call is extremely loud and characteristic, sounding like a hammer on an anvil. Along the Serra do Mar it sings all day long in the months of September to March. It is much trapped for the cage bird trade.

Habitat	Alimentação / Food	Tamanho / Size
florestas	frutos	30 cm
forests	fruit	

Araponga-do-horto – *Oxyruncus cristatus*
Espécie de difícil observação. De hábitos solitários, vive no interior de florestas bem preservadas, no alto das árvores. Eventualmente se associa a bandos mistos de aves, no dossel. Sua vocalização é constituída por um finíssimo assobio prolongado e descendente.

Sharpbill
A difficult bird to see. Of solitary habits it lives in the canopy in the interior of well preserved forests. Occasionally it joins mixed canopy flocks. Its call is a long, thin, descending whistle.

Habitat	Alimentação / Food	Tamanho / Size
florestas	frutos e artrópodes	20 cm
forests	fruit and arthropods	

Andorinha-do-campo – *Progne tapera*
Possui comportamento migratório, aparecendo no sul e sudeste apenas durante a primavera e o verão. Durante os movimentos migratórios, forma grandes bandos, chegando a milhares de indivíduos. Nidifica em cavidades, como cupinzeiros e mesmo ninhos desocupados do joão-de-barro (*Furnarius rufus*).

Brown-chested Martin
It makes migratory movements, appearing in the south and southeast only during spring and summer. During these movements it forms huge flocks of thousands of birds. It nests in holes, in termite nests or even in abandoned nests of Rufous Hornero.

Habitat	Alimentação / Food	Tamanho / Size
áreas abertas	insetos	17 cm
open areas	insects	

Andorinha-doméstica-grande – *Progne chalybea*

Vive em grandes bandos, pousando com freqüência em fios da rede elétrica. Possui comportamento migratório, deslocando-se em grandes bandos para o norte do Brasil durante a primavera. Constrói o ninho em cavidades ou locais protegidos, como, por exemplo, embaixo de telhados.

Gray-breasted Martin

It lives in large flocks and often perches on electricity wires. It is migratory and large flocks move to the north of Brazil in the spring. It builds its nest in holes or covered places, like roofs.

Habitat	Alimentação / Food	Tamanho / Size
áreas abertas	insetos	20 cm
open areas	insects	

Andorinha-pequena-de-casa – *Notiochelidon cyanoleuca*
Uma das andorinhas mais comuns nas cidades. Pousa com freqüência nos batentes das casas. Vive em grandes bandos voando alto, às vezes fazendo vôos rasantes próximo a extensões de água, como lagoas e rios. No sul e sudeste, as maiores concentrações de indivíduos são observadas nos meses de primavera e verão.

Blue-and-white Swallow
One of the most common birds in towns. It often perches on ledges on houses. It flies high in large flocks, sometimes making low level swoops over the open water of rivers and lakes. In the south and southeast the largest flocks occur in the spring and summer.

Habitat	Alimentação / Food	Tamanho / Size
áreas abertas e cidades	insetos	10 cm
open areas and towns	insects	

Andorinha-serrador – *Stelgidopteryx ruficollis*
Ao contrário da andorinha-pequena-de-casa (*Notiochelidon cyanoleuca*), esta espécie forma bandos menores, podendo mesmo ser observados indivíduos solitários. Captura pequenos insetos voando baixo, dando rasantes próximo ao solo. Pousa em áreas abertas, como galhos secos ou fios da rede elétrica.

Southern Rough-winged Swallow
This species flies in smaller flocks than Blue-and-white Swallow and solitary individuals are sometimes seen. It may fly low over the ground to capture small insects. It perches in exposed positions on bare branches or electricity wires.

Habitat	Alimentação / Food	Tamanho / Size
áreas abertas	insetos	15 cm
open areas	insects	

Japacamim – *Donacobius atricapilla*
É uma espécie de fácil identificação. Vive em casais ou pequenos grupos, sempre próximo de rios ou lagoas, pousados na vegetação, a pouca altura do solo. O casal vocaliza com freqüência, em dueto, com o bico bem aberto e movimentando a cauda ativamente.

Black-capped Donacobius
An easily identifiable species. It lives in pairs or small groups, always near rivers or lakes, perching low in the vegetation. The pair vocalizes frequently in duet, with the beak wide open and quick movements of the tail.

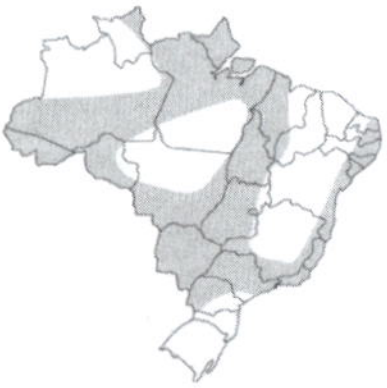

Habitat	Alimentação / Food	Tamanho / Size
brejos	artrópodes	23 cm
marshes	arthropods	

Corruíra – *Troglodytes musculus*
É uma espécie de ampla distribuição, ocorrendo desde o Canadá até o sul da Argentina. É comum nos jardins e quintais das casas. Vive sozinha ou em casais, pulando pelo solo ou a pouca altura. Pode ser encontrada em ilhas na costa de São Paulo, como na Queimada Grande, onde é uma das espécies mais abundantes.

Southern House-Wren
The House-Wren superspecies is widely distributed, ranging from Canada to the south of Argentina. Common in the gardens and yards of houses, it lives alone or in pairs, hopping along the ground or a little above. It is found on the islands off the coast of São Paulo, such as Queimada Grande, where it is one of the most abundant species.

Habitat	Alimentação / Food	Tamanho / Size
bordas de matas, cerrados e cidades	artrópodes	10 cm
forest edge, savannas and towns	arthropods	

Sabiá-una – *Platycichla flavipes*

A fêmea é pardo-olivácea com o peito e o ventre mais claros. No litoral de São Paulo é abundante entre abril e maio, quando o palmito (*Euterpe edulis*) está no auge da frutificação. Aparentemente realiza migrações altitudinais ao longo da Serra do Mar, seguindo a frutificação do palmito. Aparece na cidade de São Paulo e no interior do Estado a partir de outubro.

Yellow-legged Thrush

The female is olive brown with paler underparts. In coastal São Paulo it is common in April and May when the heart-of-palm (*Euterpe edulis*) is at the height of the fruiting season. It apparently makes altitudinal migrations along the Serra do Mar, following the fruiting of this palm. It appears in the city of São Paulo and the interior of the state in October.

Habitat	Alimentação / Food	Tamanho / Size
florestas e jardins	frutos e artrópodes	20 cm
forests and gardens	fruit and arthropods	

Sabiá-laranjeira – *Turdus rufiventris*
Uma das aves mais comuns na cidade de São Paulo, é facilmente identificável devido a seu ventre de coloração alaranjada. Desce com freqüência ao solo à procura de alimento. Durante o período reprodutivo (setembro a novembro), seu canto pode ser ouvido de madrugada, bem antes do amanhecer.

Rufous-bellied Thrush
One of the most common birds in the city of São Paulo, easily identifiable by its rufous belly and often on the ground, searching for food. During the breeding season (September to November) its song can be heard in the early hours of the morning, well before first light.

Habitat	Alimentação / Food	Tamanho / Size
florestas, parques e jardins	artrópodes, frutos e minhocas	25 cm
forests, parks and gardens	arthropods, fruit and worms	

Sabiá-branco – *Turdus leucomelas*
Vive em casais ou solitário, preferindo áreas mais arborizadas e sombreadas, evitando, porém, o interior da mata. Desce ao solo à procura de alimento. Pode rapidamente ser registrado numa área por meio de sua vocalização, um chamado forte "tcha, tcha, tcha...".

Pale-breasted Thrush
Solitary or in pairs, it prefers more wooded, shadier areas, but avoids the forest interior. It comes down to the ground to look for food. Its presence is easily noted by its loud "tcha, tcha, tcha..." call.

Habitat	Alimentação / Food	Tamanho / Size
bordas de mata, parques e jardins	artrópodes, frutos e minhocas	25 cm
forest edge, parks and gardens	arthropods, fruit and worms	

Sabiá-poca – *Turdus amaurochalinus*
Esta espécie é parecida como o sabiá-branco (*Turdus leucomelas*). No entanto, a área diante dos olhos é mais escura, quase preta, a garganta com estrias pardas é bem contrastante e, na época de reprodução (setembro a dezembro), o bico dos machos torna-se amarelo. Nas cidades, prefere as áreas mais arborizadas.

Creamy-bellied Thrush
This species is similar to Pale-breasted Thrush, but the area around the eyes is darker, almost black, the throat is more distinctly streaked brown and in the breeding season (September to December) the beak of the males turns yellow. In towns it prefers more wooded districts.

Habitat	Alimentação / Food	Tamanho / Size
bordas de matas, parques e jardins	artrópodes, frutos e minhocas	20 cm
forest edge, parks and gardens	arthropods, fruit and worms	

Sabiá-de-coleira – *Turdus albicollis*
Uma de suas características marcantes é a coloração branca da garganta. É a espécie mais florestal entre os sabiás dos arredores de São Paulo. Vive no sub-bosque no interior da mata. Umas das primeiras aves a vocalizar mesmo antes do nascer do sol, emite um chamado que lembra o miado do gato.

White-necked Thrush
The most conspicuous field mark is its white throat. More of a forest species than the other thrushes of São Paulo. It lives in the understory of the forest interior and is one of the first birds to vocalize in the early morning, with a call that sounds like the mewing of a cat.

Habitat	Alimentação / Food	Tamanho / Size
florestas	frutos e artrópodes	20 cm
forests	fruit and arthropods	

Sabiá-do-campo – *Mimus saturninus*
Vive em pequenos grupos familiares, pousando em arbustos e mourões de cerca, sempre próximo ao solo. Apresenta um comportamento característico de abrir e fechar parte das asas enquanto está pousada ("lampejo das asas"). Nos cerrados, participa de bandos mistos de aves.

Chalk-browed Mockingbird
It lives in small family groups, perching on bushes and posts, always close to the ground. It has the characteristic behavioral trait of partially opening and closing its wings when perched. In the savannas it associates with mixed flocks.

Habitat	Alimentação / Food	Tamanho / Size
campos, cerrados e áreas urbanas	artrópodes e frutos	25 cm
grasslands, savannas and urban areas	arthropods and fuit	

Caminheiro-zumbidor – *Anthus lutescens*
Anda e corre pelo solo. Tem um tipo de vôo bem característico: após atingir certa altura, deixa-se cair, emitindo ao mesmo tempo um assobio agudo e descendente. Nas cidades, vive em áreas descampadas com vegetação baixa, como os gramados existentes ao lado da pista de pouso de aeroportos.

Yellowish Pipit
Walks and runs along the ground. Its flight is most characteristic: it climbs to a certain height and then drops, giving a long, falling, buzzy whistle. In cities it is found in open areas with low vegetation the grass along airport runways, for instance.

Habitat	Alimentação / Food	Tamanho / Size
campos e gramados	artrópodes	20 cm
grasslands and lawns	arthropods	

Pitiguari – *Cyclarhis gujanensis*
Vive no alto das árvores, cantando com freqüência durante todos os períodos do dia. Muitas vezes é difícil observar esta espécie, que fica escondida no meio da folhagem, parada e vocalizando insistentemente. Evita o interior de florestas preservadas, sendo muito comum em capoeiras.

Rufous-browed Peppershrike
It inhabits the canopy, often singing throughout the day. It is often difficult to see this bird, as it stays hidden in the foliage, keeping still but singing steadily. It avoids the interior of primary forest and is more common in secondary growth.

Habitat	Alimentação / Food	Tamanho / Size
bordas de matas, cerrados e cidades	artrópodes e frutos	15 cm
forest edge, savannas and towns	arthropods and fruit	

Juruviara – *Vireo olivaceus*
Vive no estrato médio e no alto das árvores, cantando insistentemente durante todo o dia. Possui hábitos migratórios, chegando à região sudeste a partir de setembro, quando se torna uma das espécies mais comuns em várias áreas. É rara no interior de florestas preservadas, permanecendo nas bordas.

Red-eyed Vireo
It lives in midstory and the canopy, singing continuously throughout the day. It is migratory, arriving in the southeast in September, when it becomes one of the most common birds in many areas. It is rare in the interior of primary forest, staying at the edge.

Habitat	Alimentação / Food	Tamanho / Size
bordas de matas e cidades	artrópodes	13 cm
forest edge and towns	arthropods	

Verdinho-coroado – *Hylophilus poicilotis* End.
Vive preferencialmente no dossel da floresta, descendo eventualmente aos estratos inferiores da mata. Segue bandos mistos de aves de dossel, principalmente durante o inverno. Restringe-se às regiões montanhosas.

Rufous-crowned Greenlet End.
It prefers the canopy but may descend to lower levels of the forest. It follows mixed flocks, especially in winter. Restricted to montane regions.

Habitat	Alimentação / Food	Tamanho / Size
florestas	artrópodes	13 cm
forests	arthropods	

Mariquita – *Parula pitiayumi*
Vive no alto das árvores, podendo descer até pequenos arbustos, deslocando-se sempre rapidamente entre os galhos. É facilmente identificável devido ao amarelo forte na garganta. Costuma seguir bandos mistos de aves de dossel.

Tropical Parula
Normally in the canopy, it may come down to small bushes, always moving quickly through the branches. It is easily identified by its bright yellow throat. It follows mixed canopy flocks.

Habitat	Alimentação / Food	Tamanho / Size
florestas, bordas de mata e jardins	artrópodes	10 cm
forests, forest edge and gardens	arthropods	

Pia-cobra – *Geothlypis aequinoctialis*
A fêmea não possui a máscara preta e a fronte cinza. Vive em casais, preferencialmente próximo a áreas alagadas com vegetação densa e baixa. É uma espécie muita ativa, movimentando-se rapidamente no meio da vegetação à procura de alimento. Durante a reprodução, canta com mais freqüência, sendo facilmente observada pousada no meio da vegetação aberta.

Masked Yellowthroat
The female has no mask and its forecrown is gray. The birds live in pairs, preferably in wet areas with low, dense vegetation. A very active species it moves rapidly about, looking for food. In the breeding season it sings more frequently and is easily seen as it perches on the outside of the vegetation.

Habitat	Alimentação / Food	Tamanho / Size
brejos e vegetação ribeirinha	artrópodes	13 cm
marshes and waterside vegetation	arthropods	

Pula-pula – *Basileuterus culicivorus*
Vive nas florestas entre o sub-bosque e o estrato médio da vegetação. Seu nome popular já demonstra seu comportamento muito agitado, realizando manobras de forrageio rápidas, principalmente em emaranhados de folhas verdes. Freqüentemente se associa a bandos mistos de aves. Nas matas mais secas do interior, é substituído por *B. culicivorus hypoleucus*, cujo peito e ventre são cinza, porém em relação ao comportamento e à vocalização as duas formas são idênticas.

Golden-crowned Warbler
This bird lives in the under- and midstory. Its Brazilian name of *Pula-pula* refers to its agitated behavior with quick foraging movements, principally in clusters of green leaves. It often joins mixed flocks. In the dry woodland of the interior it is substituted by White-bellied Warbler, which has gray underparts, but the behavior and voice of the two forms is identical.

Habitat	Alimentação / Food	Tamanho / Size
florestas e capoeiras	artrópodes	13 cm
forests and secondary growth	arthropods	

Pula-pula-assobiador – *Basileuterus leucoblepharus* End.
Vive em casais, no sub-bosque do interior da mata, em regiões montanhosas. Desce com freqüência ao solo para procurar alimento. Prefere matas secundárias com vegetação mais densa no sub-bosque, sendo raro em matas primárias.

White-rimmed Warbler End.
This species lives in pairs in the understory of montane forests. It frequently descends to the ground to forage. It prefers secondary growth with a dense understory and is rare in primary forest.

Habitat	Alimentação / Food	Tamanho / Size
florestas e capoeiras	artrópodes	15 cm
forests and secondary growth	arthropods	

Cambacica – *Coereba flaveola*

Espécie muito conhecida, visitante assídua dos bebedouros de beija-flores. Torna-se mansa, permitindo a aproximação de pessoas. Pode ser encontrada tanto em áreas extensamente florestadas como em cidades, mesmo com pouca arborização. Na procura por alimento, realiza manobras acrobáticas, pendurando-se de ponta-cabeça.

Bananaquit

A well known species and a frequent visitor at hummingbird feeders. It is tame and allows people to come close. Found both in extensively forested areas as well as in towns with few trees. When looking for food it performs acrobatics, hanging upside-down.

Habitat	Alimentação / Food	Tamanho / Size
florestas e jardins	néctar e artrópodes	10 cm
forests and gardens	nectar and arthropods	

Sanhaço-pardo – *Orchesticus abeillei* End.

Vive no dossel da floresta, solitário ou em pequenos grupos de 4 a 5 indivíduos, geralmente em associação com outras espécies de aves. É mais comum nas matas situadas no alto das serras. Nos arredores da cidade de São Paulo, pode ser encontrado na Serra da Cantareira.

Brown Tanager End.

A forest canopy bird, solitary or in groups of four to five, generally associated with other species. It is more common in montane forest.Around São Paulo it can be found in the Serra da Cantareira.

Habitat	Alimentação / Food	Tamanho / Size
florestas	artrópodes e frutos	17 cm
forests	arthropods and fruit	

Canário-sapé – *Thlypopsis sordida*
A plumagem da fêmea é parecida com a do macho, porém o amarelo na face e na garganta é bem desbotado. Devido ao padrão de coloração, os machos lembram um canário-da-terra, daí o nome popular. Vive em casais, no alto das árvores e em arbustos próximo ao solo.

Orange-headed Tanager
The plumage of the female is similar to that of the male but the yellow on the face and throat is much paler. The pattern of its plumage is rather like that of Saffron Finch and this accounts for its popular name in Portuguese. It lives in pairs in the canopy but also comes down to bushes nearer the ground.

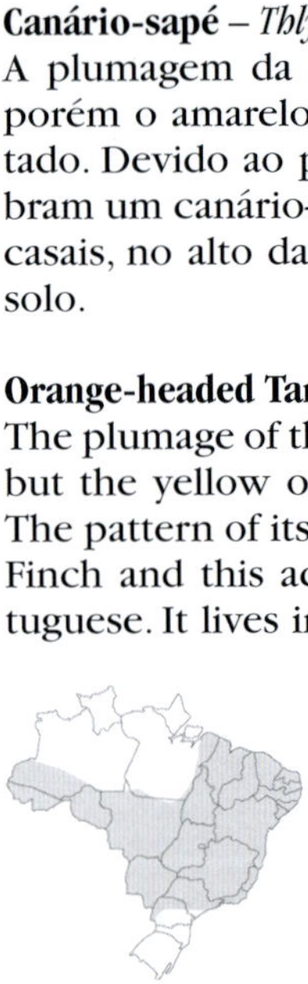

Habitat	Alimentação / Food	Tamanho / Size
bordas de mata, capoeiras e jardins	artrópodes e frutos	13 cm
forest edge, secondary growth and gardens	arthropods and fruit	

Saíra-da-mata – *Hemithraupis ruficapilla* End.
A fêmea é verde-oliva com as partes inferiores mais claras. Vive em casais no alto das árvores, associada a outras espécies de saíras. Às vezes formam bandos monoespecíficos (de uma só espécie) com até 20 indivíduos. Nas cidades, está restrita aos parque mais arborizados.

Rufous-headed Tanager End.
The female is olive green, the underparts being paler. It lives in pairs in the canopy and associates with other species of small tanagers. It sometimes forms single-species flocks of as many as 20 birds. In towns it is restricted to the more well wooded parks.

Habitat	Alimentação / Food	Tamanho / Size
florestas	artrópodes e frutos	13 cm
forests	arthropods and fruit	

Tiê-preto – *Tachyphonus coronatus* End.

Os machos possuem um pequeno topete vermelho, nem sempre visível, e penas brancas nas coberteiras inferiores das asas, que só são notadas durante o vôo. Vive em casais no sub-bosque da mata ou mesmo em jardins bem arborizados. Emite uma seqüência lenta de curtos chamados "tchí", evidenciando sua presença na área.

Ruby-crowned Tanager End.

The male has a small red coronal stripe, not always visible, and white feathers on the underwing coverts which show in flight. It lives in pairs in the forest understory and even in gardens with plenty of trees. Its call, a slow sequence of "tchí" notes, is often the first sign of its presence.

Habitat	Alimentação / Food	Tamanho / Size
florestas, bordas de mata e jardins	artrópodes, frutos e flores	17 cm
forests, forest edge and gardens	arthropods, fruit and flowers	

Tiê-de-topete – *Trichothraupis melanops*
A fêmea não apresenta a mancha negra na face, e o amarelo no píleo é quase ausente. Ambos os sexos apresentam uma faixa branca nas asas, facilmente observável durante o vôo. Vive no sub-bosque da mata, em casais ou pequenos grupos. Esta espécie, juntamente com o arapaçu-liso (*Dendrocincla turdina*) e o papa-taoca (*Pyriglena leucoptera*), é uma das mais freqüentes seguidoras de correições de formigas.

Black-goggled Tanager
The female does not have the male's black mask and the yellow on its crown is practically absent. Both sexes have a white band on the wing, conspicuous in flight. It lives in the forest understory, in pairs or small groups. This species, along with Thrush-like Woodcreeper and White-shouldered Fire-eye, is one of the most frequent followers of ant-swarms.

Habitat	Alimentação / Food	Tamanho / Size
florestas	artrópodes e frutos	18 cm
forests	arthropods and fruit	

Tiê-da-mata – *Habia rubica*
Ao contrário do macho, a fêmea apresenta coloração pardo-escura uniforme. Vive no sub-bosque da mata em pequenos grupos familiares formados por um macho e duas ou três fêmeas, freqüentemente em associação com outras espécies de aves. Sua forte vocalização de advertência ("tchi, tchi, tchi...") é muito característica, sendo a melhor indicação da presença de um bando misto na área.

Red-crowned Ant-Tanager
In contrast with the male, the plumage of the female is a uniform dark brown. It lives in the forest understory in small family groups composed of a male and two or three females, often in association with other species of birds. Its loud scold ("tchi, tchi, tchi...") is very characteristic and is the best sign of the presence of a mixed flock.

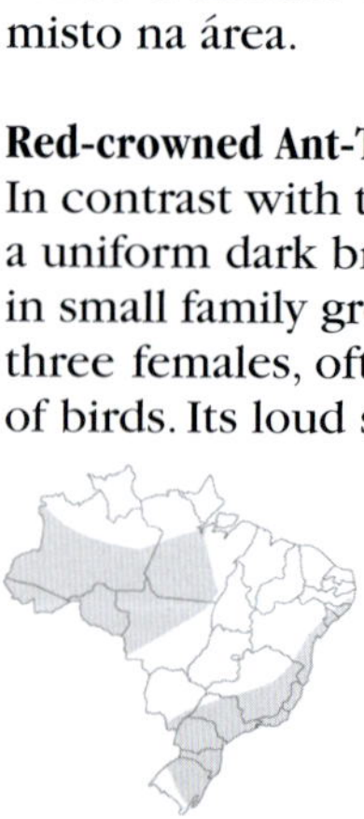

Habitat	Alimentação / Food	Tamanho / Size
florestas	artrópodes e frutos	20 cm
forests	arthropods and fruit	

Sanhaço-cinzento – *Thraupis sayaca*
Uma das espécies mais comuns nas cidade, é rara ou ausente no interior da mata, mas pode aparecer próximo a clareiras. Vive em casais, no alto das árvores. Alimenta-se de água com açúcar em bebedouros para beija-flores.

Sayaca Tanager
One of the most common species in the city, it is rare or absent from the forests, though it may appear at clearings. It lives in pairs in the canopy. It sometimes feeds on the sugar water in hummingbird feeders.

Habitat	Alimentação / Food	Tamanho / Size
áreas abertas arborizadas	frutos, flores, folhas e artrópodes	17 cm
open areas with trees	fruit, flowers, leaves and arthropods	

Sanhaço-de-encontro-azul – *Thraupis cyanoptera* End.
A principal característica que diferencia esta espécie do sanhaço-cinzento (*Thraupis sayaca*) é o azul brilhante nas asas. Também apresenta comportamento distinto, sendo uma espécie tipicamente florestal, mais comum nas matas úmidas e em regiões montanhosas. Vive no dossel da floresta, em casais. Associa-se a bandos mistos de aves, principalmente no inverno.

Azure-shouldered Tanager End.
The principal feature distinguishing this species from Sayaca Tanager is the bright blue on the wings. Its behavior is also different. It is a true forest bird and is most common in humid montane forests. It lives in the canopy in pairs and associates with mixed flocks, especially in winter.

Habitat	Alimentação / Food	Tamanho / Size
florestas	frutos e artrópodes	17 cm
forests	fruit and arthropods	

Sanhaço-de-encontro – *Thraupis ornata* End.
A mancha amarela nas asas contrasta com o resto do corpo, facilitando a identificação da espécie. É um visitante freqüente de pomares e árvores frutíferas nos arredores de florestas. Mais abundante no alto das serras, na cidade de São Paulo pode ser observado, durante o inverno, nas áreas mais arborizadas.

Golden-chevroned Tanager End.
The yellow patch on the shoulder contrasts with the rest of the body, facilitating identification. It is a frequent visitor at orchards and fruiting trees near the forest. Though it is more abundant in the mountains, it can be seen in the city of São Paulo in winter in the more well wooded districts.

Serra dos Tucanos Lodge
28/2/06

Habitat	Alimentação / Food	Tamanho / Size
florestas	frutos e artrópodes	17 cm
forests	fruit and arthropods	

Sanhaço-do-coqueiro – *Thraupis palmarum*
Leva este nome por possuir uma associação com diferentes espécies de palmeiras, utilizando preferencialmente essas árvores como ponto de pouso ou nidificação. É uma espécie rara na cidade de São Paulo e seus arredores, sendo mais comum em regiões mais secas do interior.

Palm Tanager
It owes this name to its association with various species of palms, preferring these trees for perching and nesting. It is a rare species in the city of São Paulo and the surrounding country, being more common in the drier regions of the interior.

Habitat	Alimentação / Food	Tamanho / Size
bordas de mata e jardins	frutos e artrópodes	17 cm
forest edge and gardens	fruit and arthropods	

Saíra-viúva – *Pipraeidea melanonota*
A fêmea apresenta o mesmo padrão de coloração do macho, porém é mais desbotada. Vive em casais no sub-bosque e estrato médio da mata ou em pomares, à procura de frutos. Possui hábitos migratórios, aparecendo no leste do Estado de São Paulo apenas no inverno.

Fawn-breasted Tanager
The female has the same plumage pattern as the male but is paler. It lives in the under and mid story of the forest and visits orchards, looking for fruit. It is migratory and appears in the east of the state of São Paulo only in winter.

Habitat	Alimentação / Food	Tamanho / Size
florestas, capoeiras e bordas de mata	frutos e artrópodes	15 cm
forests, secondary growth and forest edge	fruit and arthropods	

Vivi – *Euphonia chlorotica*
De ampla distribuição, é uma das espécies mais comuns do gênero. Vive solitária ou em casais no alto das árvores, sendo de fácil observação nas regiões mais secas no interior do Brasil. Pode ser rapidamente reconhecida pela vocalização, uma chamada forte dissilábica "vi-vi".

Purple-throated Euphonia
Widely distributed, it is the most common of the euphonias. It lives alone or in pairs in the canopy, where it is easily seen in the drier regions in the interior of Brazil. It can readily be identified by its vocalization, a loud two syllable "vi-vi" call.

Habitat	Alimentação / Food	Tamanho / Size
bordas de mata, cerrados e jardins	frutos	10 cm
secondary growth, savannas and gardens	fruit	

Gaturano-verdadeiro – *Euphonia violacea*

A fêmea é verde-oliva, com garganta, peito e ventre mais claros. É uma espécie conhecida pela capacidade de imitar o canto de outras aves, no entanto ainda não se sabe a razão desse comportamento. Vive no dossel da floresta, associando-se com freqüência a bandos mistos de saíras.

Violaceous Euphonia

The female is olive green, with a paler throat, breast and belly. The species is well known for its ability to imitate the voices of other birds, though the reason for this behavior is not yet known. It lives in the forest canopy and frequently associates with mixed flocks.

Habitat	Alimentação / Food	Tamanho / Size
florestas	frutos	10 cm
forests	fruit	

♂

♀

Ferro-velho – *Euphonia pectoralis*

Vive em casais no dossel e estrato médio da floresta. Comum em áreas extensamente florestadas, desaparece ou torna-se muito rara em paisagens fragmentadas. Ocorre desde as matas de restingas até o alto das serras, freqüentemente associado a bandos de saíras.

Chestnut-bellied Euphonia

It lives in pairs in the canopy and midstory. Common in extensively forested areas, it disappears or becomes rarer in fragments. It occurs from coastal white sand forests to montane forests and is often associated with flocks of other tanagers.

Habitat	Alimentação / Food	Tamanho / Size
florestas	frutos	10 cm
forests	fruit	

Bandeirinha – *Chlorophonia cyanea*
Esta espécie tem esse nome popular devido à coloração de sua plumagem, com as cores da bandeira do Brasil. A fêmea é semelhante ao macho, porém tem o ventre mais esverdeado e menos azul no dorso. Vive no alto das árvores, descendo até pequenos arbustos em busca de frutos.

Blue-naped Chlorophonia
Its Brazilian name is *Bandeirinha* (little flag) because its plumage has the colors of the national flag of Brazil. The female is similar to the male but the belly is greener and the back less blue. It lives in the canopy, coming down to small bushes in search of fruit.

Habitat	Alimentação / Food	Tamanho / Size
florestas e jardins	frutos	10 cm
forest and gardens	fruit	

Saíra-sete-cores – *Tangara seledon* End.
A fêmea apresenta padrão de coloração igual ao do macho, porém um pouco mais desbotado. Apesar de ser uma das saíras mais comuns nas matas de baixada, também é encontrada no alto das serras. Vive em grandes bandos na copa das árvores, geralmente associada a outras espécies. Pode descer ao sub-bosque para se alimentar.

Green-headed Tanager End.
The female has the same plumage pattern as the male but a little paler. Although it is one of the most common tanagers in lowland forests it is also found in montane regions. It lives in the canopy in large flocks, generally associated with other species. It sometimes comes down to the understory to forage.

Habitat	Alimentação / Food	Tamanho / Size
florestas	frutos e artrópodes	13 cm
forests	fruit and arthropods	

Saíra-lagarta – *Tangara desmaresti* End.

É a espécie de saíra mais comum no alto das montanhas da Serra do Mar e da Serra da Mantiqueira. Vive em pequenos grupos de 5 a 7 indivíduos no alto das árvores. Nas bordas de matas, desce até pequenos arbustos para se alimentar. Associa-se com freqüência a bandos mistos.

Brassy-breasted Tanager End.

The most common tanager in the mountains of the Serra do Mar and Serra da Mantiqueira. It lives in the canopy in small groups of 5 to 7 birds. At the forest edge it comes down lower to feed, even to small bushes. It is often found in mixed flocks.

Habitat	Alimentação / Food	Tamanho / Size
florestas	frutos e artrópodes	13 cm
forests	fruit and arthropods	

Saíra-douradinha – *Tangara cyanoventris* End.
Assim como a saíra-dourada (*Tangara desmaresti*), esta espécie está restrita às regiões montanhosas. Vive em pequenos grupos monoespecíficos, freqüentemente associados a outras espécies de saíras. É rara nos arredores da cidade de São Paulo, podendo ser encontrada na Serra da Cantareira.

Gilt-edged Tanager End.
Like Brassy-breasted Tanager this species is restricted to montane regions. It lives in small single species groups but often associates with other species of tanager. It is rare around São Paulo but can be found in the Serra da Cantareira.

Habitat	Alimentação / Food	Tamanho / Size
florestas	frutos e artrópodes	13 cm
forests	fruit and arthropods	

Saíra-amarela – *Tangara cayana*

Facilmente identificável pelo "babador preto" dos machos, é a espécie de saíra mais comum em áreas abertas e jardins próximos a moradias. Vive em casais nos diferentes estratos da vegetação, não ocorrendo em áreas extensamente florestadas.

Burnished-buff Tanager

Easily identified by the male's black bib, it is the most common tanager in open areas and gardens near houses. It lives in pairs at various levels of the vegetation and is not found in heavily forested areas.

Habitat	Alimentação / Food	Tamanho / Size
bordas de mata, cerrados e jardins	frutos e artrópodes	15 cm
forest edge, savannas and gardens	fruit and arthropods	

Saíra-de-cara-suja – *Tangara preciosa*
A fêmea apresenta padrão de coloração semelhante ao do macho, porém com o dorso e as asas esverdeadas. É uma espécie comum na região sul do Brasil. Vive no interior da mata e suas bordas, sendo comum em matas de araucária (*Araucaria angustifolia*). Vive no dossel da floresta em associação com outras espécies de aves. Nos arredores da cidade de São Paulo, é comum na reserva do Morro Grande.

Chestnut-backed Tanager
The female has similar plumage to the male, but with greenish back and wings. It is a common species in the south of Brazil, living in the canopy of the forest interior and edge. It is common in araucaria (*Araucaria angustifolia*) forests and associates with other species. Around São Paulo it is common at the Morro Grande reserve.

Habitat	Alimentação / Food	Tamanho / Size
florestas	frutos e artrópodes	15 cm
forests	fruit and arthropods	

Saí-azul – *Dacnis cayana*
Vive em casais ou pequenos grupos. No interior da mata fechada, vive na copa das árvores, mas quando está na borda da floresta, ou em jardins, forrageia a poucos metros do solo. Realiza manobras de forrageio acrobáticas, pendurando-se nos galhos com freqüência. Também visita bebedouros para beija-flores.

Blue Dacnis
Found in pairs or small groups. In the forest interior it stays in the canopy but at the forest edge or in gardens it forages just a few meters above the ground. It is acrobatic while feeding, often hanging from the branches. It also visits hummingbird feeders.

Habitat	Alimentação / Food	Tamanho / Size
florestas, bordas de mata e jardins	frutos, artrópodes e néctar	13 cm
forests, forest edge and gardens	fruit, arthropods and nectar	

Figuinha-de-rabo-castanho – *Conirostrum speciosum*
A fêmea é de coloração mais clara que o macho e sem o castanho no crisso. Vive na copa das árvores em pequenos grupos, geralmente com um maior número de fêmeas. Prefere as matas mais secas, sendo rara ou ausente nas matas úmidas ao longo da Serra do Mar.

Chestnut-vented Conebill
The female is paler than the male and without its chestnut crissum. The species lives in the canopy in small groups, usually with more females than males. It prefers dry forest and is rare or absent from the humid forests along the Serra do Mar.

Habitat	Alimentação / Food	Tamanho / Size
florestas, bordas de mata e jardins	artrópodes e pequenos frutos	10 cm
forests, forest edge and gardens	arthropods and small fruit	

Saí-andorinha – *Tersina viridis*

Vive no alto das árvores, preferindo galhos secos e bem evidentes, onde permanece pousada por um longo tempo. Segue a frutificação da magnólia (*Michelia champaca*), formando grandes agregações nos locais onde as árvores estão frutificando. Na região sudeste, aparece no primeiro semestre do ano.

Swallow-Tanager

It lives high up in the trees, preferring bare, exposed branches where it may remain perched for long periods. It follows the fruiting of the magnolia (*Michelia champaca*), and forms large flocks where these trees are in fruit. In the southeast it appears in the first half of the year.

Habitat	Alimentação / Food	Tamanho / Size
florestas, cerrados e jardins	frutos e artrópodes	15 cm
forests, savannas and gardens	fruit and arthropods	

Tico-tico – *Zonotrichia capensis*

De ampla distribuição, ocorre em qualquer área aberta, desde o litoral até os campos de altitude no topo das serras. Vive em casais, pousado em arbustos, descendo ao solo para procurar alimento. Seu canto é formado por 4 ou 5 assobios melodiosos. Possui outro tipo de canto, diferente do canto diurno, que é emitido somente à noite e apenas uma vez.

Rufous-collared Sparrow

A widely distributed bird, occurring in any open area from the coast to high montane grasslands. It lives in pairs, perching on bushes and dropping to the ground to look for food. Its song consists of four or five melodious whistles. It has a different song given only at night and sung only once.

Habitat	Alimentação / Food	Tamanho / Size
campos, cerrados e jardins	sementes e artrópodes	15 cm
grasslands, savannas and gardens	seeds and arthropods	

Tico-tico-do-campo – *Ammodramus humeralis*
Vive em casais ou solitário nos campos, escondido no meio da vegetação. Caminha pelo solo com rapidez e agilidade, sendo de difícil observação. Empoleira-se em arbustos para cantar. Juntamente com o tiziu (*Volatinia jacarina*), é uma das aves mais comuns em pastagens.

Grassland Sparrow
Found alone or in pairs in grasslands, hidden amongst the vegetation. It runs along the ground quickly and is difficult to see but perches on bushes to sing. Together with Blue-black Grassquit it is one of the most common birds in pastures.

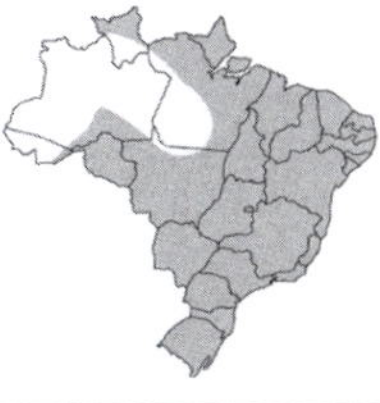

Habitat	Alimentação / Food	Tamanho / Size
campos, pastos e cerrados abertos	sementes e artrópodes	13 cm
grasslands, pastures and open savannas	seeds and arthropods	

Cigarra-bambu – *Haplospiza unicolor* End.

A fêmea é verde-oliva, com partes inferiores mais claras e a garganta e o peito estriados de oliva-escuro. Vive em casais no sub-bosque e estrato médio da mata rica em taquarais. Aparece em grandes bandos na época de frutificação do bambu.

Uniform Finch End.

The female is olive green, with paler underparts and throat and breast streaked with dark olive. It lives in pairs in the under- and midstory in forests with abundant bamboo. It appears in large flocks when the bamboo flowers.

Habitat	Alimentação / Food	Tamanho / Size
florestas	sementes e artrópodes	13 cm
forests	seeds and arthropods	

Canário-da-terra – *Sicalis flaveola*
A fêmea e o imaturo são densamente estriados com a parte superior parda e o lado inferior mais claro. Pode ser encontrado com freqüência em cativeiro devido a seu canto melodioso. Desapareceu de algumas regiões no interior de São Paulo devido à captura ilegal. Vive em casais ou em bandos, descendo ao solo com freqüência à procura de alimento.

Saffron Finch
The female and immature birds are heavily streaked, the upperparts being darker and the underparts paler. It is a popular cage bird because of its pretty song and illegal trapping has caused it to disappear from parts of the interior of the state of São Paulo. It lives in pairs or in flocks and often comes down to the ground to look for food.

Habitat	Alimentação / Food	Tamanho / Size
campos e caatingas	sementes	13 cm
grasslands and arid scrubs	seeds	

Canário-do-campo – *Emberizoides herbicola*
A cauda longa e o bico amarelo facilitam a identificação da espécie. Vive em casais, no meio do capinzal, próximo ao solo. Pousa no alto das hastes de capim ou de arbustos para cantar.

Wedge-tailed Grass-Finch
Its long tail and yellow beak make identification easy. It lives in pairs in long grass, near the ground or perching high on grass stems or bushes to sing.

Habitat	Alimentação / Food	Tamanho / Size
campos e pastagens	sementes e artrópodes	20 cm
grasslands and pastures	seeds and arthropods	

Tiziu – *Volatinia jacarina*

A fêmea e o imaturo possuem coloração parda, com partes inferiores mais claras e estriadas. Na época de reprodução, os machos pousam em um galho seco ou mourão de cerca e delimitam seus territórios, por meio de pulos verticais, ao mesmo tempo em que vocalizam. Durante esses pulos, exibem as manchas brancas sob as asas. Vivem em casais, formando grandes bandos fora da época de reprodução, sendo a maioria de imaturos.

Blue-black Grassquit

The female and immature are brown with paler, streaked underparts. In the breeding season the males perch on a bare twig or fence post and mark the boundaries of their territory, giving vertical jumps as they sing. During these jumps they display their white underwing patches. Found in pairs during the breeding season but thereafter it forms large flocks, mostly of immature birds.

Habitat	Alimentação / Food	Tamanho / Size
campos, cerrados e pastagens	sementes	10 cm
grasslands, savannas and pastures	seeds	

Coleirinho – *Sporophila caerulescens*
A fêmea é toda parda, com as partes inferiores mais claras, muito parecida com a fêmea de outras espécies do mesmo gênero. É uma espécie muito comum, ocorrendo em qualquer área aberta com capinzais ou plantações. Pode aparecer mesmo em clareiras no meio da mata. Vive em casais ou bandos formados por um maior número de imaturos e fêmeas.

Double-collared Seedeater
The female is uniform brown, with paler underparts, very like all the other females of this genus. A very common species, found in any open area with tall grass or cultivations. It sometimes appears in forest clearings. It lives in pairs or in flocks with a majority of females and immature birds.

Habitat	Alimentação / Food	Tamanho / Size
campos, cerrados e plantações	sementes	10 cm
grasslands, savannas and cultivations	seeds	

Tico-tico-do-mato – *Arremon semitorquatus*

A fêmea apresenta garganta e peito amarelados. Vive em casais no sub-bosque da mata densa. Desce ao chão com freqüência à procura de alimento. Ocorre, predominantemente, em áreas montanhosas.

Half-collared Sparrow

The female has a yellowish throat and breast. It lives in pairs in the understory of dense forest and often drops to the ground to search for food. It occurs predominantly in montane areas.

Habitat	Alimentação / Food	Tamanho / Size
florestas	artrópodes	15 cm
forests	arthropods	

Galo-da-campina – *Paroaria dominicana*
Originária da região nordeste, esta espécie não é nativa da região de São Paulo. Indivíduos oriundos de cativeiro se adaptaram à vida na cidade. Pode ser observada nos jardins do Parque do Ibirapuera.

Red-cowled Cardinal
Originally from the northeast, this species is not a native of São Paulo but birds escaped or set free from captivity have adapted to life in the city. It can be seen in the gardens of Ibirapuera Park.

Habitat	Alimentação / Food	Tamanho / Size
caatinga	sementes e artrópodes	17 cm
arid scrub	deeds and arthropods	

Cardeal – *Paroaria coronata*

Como no caso do galo-da-campina (*Paroaria dominicana*), esta espécie também não ocorria originalmente em São Paulo. O que mais chama a atenção na ave é seu grande topete vermelho, mais desbotado na fêmea. Pode ser observado em alguns parques dentro da cidade de São Paulo.

Red-crested Cardinal

Like Red-cowled Cardinal this species used not to be found in São Paulo. The most conspicuous feature of this bird is its long red crest, paler in the female. It can be seen in various parks in São Paulo.

Habitat	Alimentação / Food	Tamanho / Size
campos e cerrados	sementes e artrópodes	20 cm
grasslands and savannas	seeds and arthropods	

Bico-de-pimenta – *Saltator fuliginosus* End.
Espécie inconfundível pelo bico grande e vermelho. Vive em casais no estrato médio e dossel da floresta. Pode ser encontrada desde nas restingas até no alto das serras e matas secas do interior do Estado de São Paulo. É mais abundante nas baixas encostas da Serra do Mar.

Black-throated Grosbeak End.
Its heavy red beak is unmistakable. It lives in pairs in the midstory and canopy of the forest, from the coastal to the montane forests and in the dry woodland of the interior of the state of São Paulo. It is most common in the foothills of the Serra do Mar.

Habitat	Alimentação / Food	Tamanho / Size
florestas	artrópodes e frutos	20 cm
forests	arthropods and fruit	

Trinca-ferro – *Saltator similis*
Espécie com freqüência encontrada em cativeiro, é apreciada devido a seu canto melodioso. Vive em casais ou solitária no sub-bosque e estrato médio da mata ou mesmo em áreas urbanas bem arborizadas. Não ocorre no interior da mata úmida e bem preservada.

Green-winged Saltator
A popular cage bird because of its melodious song. It lives in pairs or alone in the under and midstory of the forest and even in well wooded urban areas. It is not found in humid primary forest.

Habitat	Alimentação / Food	Tamanho / Size
bordas de mata, capoeiras e jardins	sementes, brotos e folhas	20 cm
forest edge, secondary growth and gardens	seeds, shoots and leaves	

Guaxe – *Cacicus haemorrhous*
Vive em bandos, no alto das árvores. Nidifica em colônias, construindo os ninhos em árvores secas, geralmente próximo a rios ou lagos. Os ninhos são bem característicos, ficando pendurados em formato de bolsa. É abundante nas matas de restingas.

Red-rumped Cacique
This species lives in groups in the canopy and nests in colonies, generally in dead trees near rivers or lakes. The nests are very characteristic long bags, hung from the branches. This cacique is common in coastal white sand forests.

Habitat	Alimentação / Food	Tamanho / Size
florestas	artrópodes e frutas	25 cm
forests	arthropods and fruit	

Tecelão – *Cacicus chrysopterus*
Vive em casais, pousado no alto das árvores, sendo de fácil observação. A leste, sua distribuição está restrita às regiões montanhosas, com matas úmidas e temperaturas mais amenas. Emite um chamado de advertência curto e metálico "quee".

Golden-winged Cacique
Found in pairs, perched high in the trees and easy to see. In the east its range is restricted to montane regions, in humid forests with cooler temperatures. Its alarm call is a short, metallic "quee".

Habitat	Alimentação / Food	Tamanho / Size
florestas	artrópodes e frutos	20 cm
forests	arthropods and fruit	

Encontro – *Icterus cayanensis*
De ampla distribuição, existem quatro subespécies que se diferenciam pela coloração da mancha nas asas, que vai de diferentes tons de amarelo a castanho. Vive solitário no alto das árvores, realizando manobras acrobáticas para obter alimento. Possui um canto bastante melodioso.

Epaulet Oriole
Widely distributed, it has four subspecies with different color wing patches, in various tones of yellow and chestnut. It lives alone in the canopy, making acrobatic movements to get its food. Its song is quite melodious.

Habitat	Alimentação / Food	Tamanho / Size
bordas de mata e matas ciliares	artrópodes e frutos	20 cm
forest edge and gallery woodland	arthropods and fruit	

Garibaldi – *Agelaius ruficapillus*
A fêmea é parda, com as partes inferiores mais claras e estriadas de oliva. Vive em bandos, sempre próximo de áreas alagadas. Pousa no alto da vegetação aquática, geralmente em taboa (*Typha dominguenses*), vocalizando intensamente, o que a torna bastante conspícua.

Chestnut-capped Blackbird
The female is brown with paler underparts, streaked with olive. It lives in flocks, always near flooded areas. It perches on the top of aquatic vegetation, generally on reeds (*Typha dominguenses*), and vocalizes continuously, making it very conspicuous.

Habitat	Alimentação / Food	Tamanho / Size
brejos e varjões	artrópodes e sementes	17 cm
marshes and flat areas	arthropods and seeds	

Polícia-inglesa – *Sturnella superciliaris*

A fêmea é parda, com supercílio branco e peito rosado. Vive em grandes bandos, nas áreas abertas com vegetação baixa. Prefere terrenos planos. Os desmatamentos e a formação de pastagens beneficiaram esta espécie, que expandiu muito sua distribuição original, colonizando novas áreas.

White-browed Blackbird

The female is brown with a white superciliary and breast tinged pink. The species lives in large flocks in open areas with low vegetation. It prefers flat ground. Deforestation and the formation of pastures have benefited this species, which has expanded its original range considerably, colonizing new areas.

Habitat	Alimentação / Food	Tamanho / Size
campos, varjões e pastagens	artrópodes e sementes	20 cm
grasslands, flat areas and pastures	arthropods and seeds	

Pássaro-preto – *Gnorimopsar chopi*
É uma ave muito encontrada em cativeiro devido a seu belo canto. A captura ilegal e a destruição de seu hábitat causou o desaparecimento da espécie em várias áreas do interior de São Paulo. Vive em bandos no alto das árvores, com vários indivíduos cantando ao mesmo tempo, chamando muito a atenção de qualquer pessoa.

Chopi Blackbird
Often found in captivity because of its beautiful song. Illegal trapping and habitat destruction have caused it to disappear in many places in the interior of the state of São Paulo. It lives in groups in the tree tops, with many birds singing at once, drawing the attention of the most casual observer.

Habitat	Alimentação / Food	Tamanho / Size
cerrados e bordas de matas	sementes e artrópodes	23 cm
savannas and forest edge	seeds and arthropods	

Chopim – *Molothrus bonariensis*

A coloração da fêmea varia entre preto e pardo, sem brilho, ao contrário do macho. Vive em bandos, pousando com freqüência no solo para se alimentar. Canta em vôo. É muito conhecida por seu comportamento de parasitar ninhos de outras espécies, botando seus ovos no ninho de outra ave, que cria os filhotes como se fossem de sua própria ninhada. Possui comportamento migratório, aparecendo na cidade de São Paulo entre setembro e março.

Shiny Cowbird

The female plumage varies between dull black and brown, contrasting with the glossy males. Found in groups, it often walks on the ground to feed. It sings in flight. It is a well known brood parasite, laying its eggs in the nests of other species, which raise the chicks as if they were their own. It is migratory and appears in the city of São Paulo from September to March.

Habitat	Alimentação / Food	Tamanho / Size
campos, cerrados e cidades	sementes e artrópodes	20 cm
grasslands, savannas and towns	seeds and arthropods	

Pintassilgo – *Carduelis magellanica*

A fêmea não tem a cabeça preta e apresenta coloração mais desbotada. Ambos os sexos possuem uma faixa amarela nas asas. Vive em bandos, pousando no alto das árvores ou em pequenos arbustos. Pode ser observado esporadicamente em pequenos bandos no Parque Ibirapuera e no campus da Universidade de São Paulo.

Hooded Siskin

The female does not have a black hood and its coloring is paler. Both sexes have a yellow band on the wing. Found in groups, perched high in trees or on small bushes. From time to time small groups can be seen in Ibirapuera Park and in the campus of the University of São Paulo.

Habitat	Alimentação / Food	Tamanho / Size
capoeiras, cerrados e jardins	sementes	10 cm
secondary growth, savannas and gardens	seeds	

Pardal – *Passer domesticus*
A fêmea é de coloração parda uniforme, com as partes inferiores mais claras. Originária da Europa, esta espécie foi introduzida no Rio de Janeiro no início do século XX, e se espalhou por todo o país. Vive em associação com o ser humano, ocorrendo somente próximo a construções.

House Sparrow
The female is uniform brown with paler underparts. Originally from Europe, the species was introduced in Rio de Janeiro at the beginning of the XXth century and has spread throughout the country. It lives in association with man and is only found near buildings.

Habitat	Alimentação / Food	Tamanho / Size
áreas urbanas	sementes e artrópodes	15 cm
urban areas	seeds and arthropods	

Bico-de-lacre – *Estrilda astrild*
Espécie nativa da África, foi trazida ao Brasil no final do século XIX, espalhando-se de norte a sul do país. Prefere áreas semi-urbanas, dominadas por capinzais. Vive em bandos com até 20 indivíduos, voando baixo, rente ao capinzal.

Common Waxbill
A native of Africa, it was brought to Brazil at the end of the XIXth century, spreading from the north to the south of the country. It prefers semi-urban areas, with tall grass. It lives in flocks of up to twenty birds and flies low over the tops of the grass.

Habitat	Alimentação / Food	Tamanho / Size
áreas abertas	sementes	10 cm
open areas	seeds	

ÍNDICE / INDEX

B

C

D

E

F

G

H

M

N

O

Q

R

S

T

U

V

W

X

Y

Z

OS AUTORES / THE AUTORS

Pedro F. Develey

Biólogo formado em 1993, mestre em Ecologia pela Universidade de São Paulo (USP). Interessa-se pelas aves desde o tempo em que ainda era aluno de graduação, concentrando suas pesquisas na biologia das aves em diferentes regiões do Brasil, com ênfase na Mata Atlântica. Atualmente, está terminando sua tese de doutorado na USP, que enfoca os efeitos da fragmentação florestal na comunidade de aves de Mata Atlântica.

Pedro F. Develey

A biologist, who graduated in 1993 and holds a Master's degree in Ecology at the University of São Paulo (USP). His interest in birds dates back to his time as a graduate student and his research has been devoted to the biology of birds in different regions of Brazil, with special emphasis on the Atlantic Forest. At present he is completing his doctorate at USP, studying the effects of forest fragmentation on bird communities of the Atlantic Forest.

OS AUTORES / THE AUTORS

Edson Endrigo

Fotógrafo profissional especializado em fotos de aves na natureza, também trabalha como guia para observadores de aves interessados na rica avifauna brasileira. Iniciou seus registros fotográficos na cidade de São Paulo. Atualmente, viaja pelo Brasil em busca de aves raras e ameaçadas de extinção.

Edson Endrigo

A professional photographer, specializing in photos of birds in their natural habitat, he also works as a guide for birders interested in the rich avifauna of Brazil. He began his photographic work in the city of São Paulo and now travels throughout Brazil, on the track of rare birds and species threatened with extinction.

• CRÉDITOS •

Revisão científica:
Luís Fábio Silveira
Jeremy Minns

Tradução para o inglês:
Jeremy Minns

Mapas:
Sergio Pardi Dieguez

Editoração eletrônica:
E. Távora dos Santos

Impressão:
Prol Gráfica